사모펀드와 M&A 트렌드 2025

일러두기

이 책에서는 PEF는 사모펀드, 회사명의 PE는 프라이빗에쿼티, 재무적 투자자는 FI, 전략적 투자자는 SI, 벤처캐피탈은 VC로 표기하였습니다. LP와 기관투자자는 내용 흐름상 혼용하였음을 알려드립니다.

PRIVATE EQUITY FUNDS M&A

사모펀드와 M&A 트렌드

2025

조세훈, 이영호, 오귀환, 이승혁, 룩센트 미래경영연구소 지음

지음미디어

어떤 제도나 삶에는 생애주기가 있으며, 각 단계마다 거쳐야 하는 삶의 문법이 존재한다. 중국 철학자 공자는 이 주기를 10년 단위로 세분화했다. 한국 사모펀드PEF 시장은 공자의 생애주기로 보면 갓 약관弱冠을 지나고 있다. 즉 만 20세를 넘긴 청년기의 제도다. 이런 한국 사모펀드의 유년기를 한마디로 요약하자면 스노볼 효과를 누리며 고도 성장한 금융계의 엄친아다.

한국 사모펀드는 '한강의 기적'과 비견될 정도로 숨 가쁜 성장을 해 왔다. 첫해 4,000억 원에 불과한 누적 약정액은 2023년 약 140조 원으로 불어났다. 금융 시장에서 가장 빠른 성장을 보이자 돈과 인재가 빠르게 모여들었다. 맥킨지, 베인캐피탈, 보스턴컨설팅그룹BCG 등 글로벌 컨설팅 회사나 JP모건, 골드만삭스 등 외국계 투자은행 등으로 향하던 유능한 인재들이 사모펀드 시장으로 고개를 돌렸다. 우수한 성과를 내자 국민연금, 사학연금 등의 기관투자자LP들이 뭉칫돈을 사모펀드 시장에 출자했다. 하이브, 공차 등 막대한 투자 성과를 올리는 사례가 늘어났고, 수백억 원의 돈을 버는 사모펀드 운영 인력들이 여럿 생겨났다. 국내 1위 사모펀드인 MBK파트너스의 기업 가치가 10조 원을 넘어서며 김병주 MBK파트너스 회장이 국내 1위 부자로 등극했다. 이에 '메기'로 평가받던 사모펀드가 실상 시장의 판도를 바꾸는 '고래'라는 것을 사람들은 뒤늦게 깨달았다. 사모펀드가 한국타이어, 고려아연 등 기존 재벌의 경영권을 위협하는 포식자로 돌변하자 재계를 중심으로 견제의 목소리가 커지고 있다.

2004년 금융 강국인 홍콩, 싱가포르와 경쟁하기 위해 포문을 연 국내 사모펀드 시장은 더 이상 보호의 대상이 아니다. 투명성에 대한 요구는 매년 높아지고, 선행매매 등 부정한 사례에 대해서는 철퇴가 내려지고 있다. 금융당국의 감시는 확대되고 제도적 규제도 점차 확대되고 있다. 더 큰 문제는 시장의 변동성이 나날이 커지고 있다는 점이다. 2년 전 글로벌 팬데믹(코로나19)의 종식, 지정학적 리스크 확대와 높은 인플레이션으로 출자 시장이 급랭했다. 유동성 파티의 종언은 출자 시장의 위축을 불러왔고, 기존 투자했던 포트폴리오는 기업 가치 저하, 경기침체에 따른 실적 악화로 투자금 회수(엑시트)가 요원해졌다.

이제 증명의 시간이다. 정부의 제도적 지원과 시장의 유동성 확대로 손쉽게 성과를 낼 수 있는 시대는 끝났다. 이에 따라 2024년 사모펀드들의 전략도 예년과 크게 달라지고 있다. 1장에서는 변화하는 시장에서 살아남기 위한 사모펀드들의 전략을 담았다. 대형 사모펀드로 투자금이 쏠리면서 운용사GP의 양극화가 더욱 뚜렷해지고 있다. 이 와중에 고금리와 경기침체가 맞물리면서 에쿼티(지분) 투자의 위험성이 커지자, 크레딧 펀드의 선호도가 높아지고 있다. 서둘러 크레딧 펀드를 조성한 사모펀드들은 시장의 보릿고개를 넘어 새로운 성장동력을 마련했다.

회수 시장에서도 큰 변화가 나타났다. 유동성 감소로 기업들이 일제히 지갑을 닫자 투자금 회수가 한층 어려워졌다. 사모펀드들은 기업 가치를 낮춰 다른 사모펀드에 매각하는 세컨더리 딜을 활용하거나 상장사들을 공개매수해 자진 상장폐지 하는 전략을 취하고 있다. 기존 기업의 백기사로 행동하며 착한 맛으로 일관한 사모펀드들이 적대적 M&A(인수합병)의 첨병으로 떠올랐다. 20년간 투자 활동을 해오면서 알짜 투자처가 급감하자 매각 의사가 없는 기업들에도 눈을 돌렸는데, 경영권 분쟁을 겪고 있는 기업이 주 타깃이다. 매운맛으로 돌변한 사모펀드의 행보는 앞으로 국내 재계에 큰 영향을 끼칠 것으로 보인다.

한편, 국내 기업들은 변화의 파고에 직면하고 있다. 미·중 무역 갈등, 우크라이나 전쟁, 반도체 공급망 급변, 경기침체 등 대외적 환경 악화에 2021년부터는 인구 감소 국면에 접어들면서 구조적 환경마저 위협 요인으로 떠올랐다. Chat GPT의 등장으로 인공지능AI 활용이 일상화되면서 AXAI Transformation, 인공지능 전환가 화두로 떠올랐고, 여기에 로봇, 자율주행 등도 삶의 현장에 적용되면서 기존 산업 생태계를 파괴하고 있다. 새로운 산업 생태계에 적응하지 못하면 낙오되는 것은 피할 수 없는 운명이다.

앞서 유럽의 길이 그러했다. 유럽중앙은행 전 총재 마리오 드라기는 얼마 전 내놓은 〈EU 경쟁력의 미래〉 보고서에서 유럽 경제가 빅테크 기술에 적응하지 못하면서 몰락했다는 진단을 내렸다. 이 보고서를 본 미국 블룸버그는 "유럽은 노키아와 에릭슨처럼 1990년대에 모바일 혁신 선두 주자가 있어 디지털과 인터넷 시대에 번영했던 과거가 있다"라면서 그 이후 미국과 중국에 그 자리를 빼앗겼다고 전했다. 유럽은 애플 혁명으로 불리는 디지털 전환에 적응하지 못하고 전통 자동차 산업과 관광 산업에 안주하면서 저성장의 늪에 빠졌다. 실제 2008년 미국과 유럽의 경제 규모는 거의 비슷했지만 2024년 미국과 유럽의 총 GDP 격차는 1.7배로 거의 두 배에 가깝다.

국내 기업에게 2024년은 적응의 시간이다. 2장에서는 창조적 파괴가 진행되는 시장에서 살아남기 위한 대기업들의 M&A 행보를 살펴본다. 유동성 잔치 속 몸집을 불렸던 SK와 카카오는 리밸런싱에 맞춰 군살 빼기에 나섰다. 사는 것만큼 파는 것도 결단이 필요하다. 판단이 늦으면 그룹 전체가 유동성 위기에 빠져 몰락의 길로 간다. 건설업, 저축은행에 무리하게 진출해 2010년대 법정관리까지 갔던 웅진그룹은 웅진코웨이, 웅진식품, 웅진케미칼 등 알짜사업을 모두 내주면서 가까스로 살아남았다. 최근에는 프로젝트파이낸싱PF에 올인한 태영그룹이 극심한 유동성 위기에 빠지며 에코비트, 골프장, 사옥 등을 내다 팔아야 했다. 기업의 리밸런싱 전략과 진행 경과 등을 지켜보는 것도 자본시장을 이해하는 데 큰 도움이 될 것이다.

고금리와 경기침체는 좀비 기업들의 생명력을 단축했다. 회생법원에는 파산을 앞둔 기업들이 넘쳐나고, 단기 유동성 위기로 구조조정 시장에 매물로 나온 기업들도 대다수다. 하지만 위기는 곧 기회다. 진흙 속 진주를 찾는 투자자에게는 큰 수익을 주고, 기업에게는 한 단계 도약할 수 있는 비책이 된다. 실제 조선업 위기 속에서 하림은 2015년 팬오션(옛 STX팬오션)을 사들이며 재계 30위권 대기업으로 성장했다. 이런 기회를 시시각각 노리는 기업들의 행보는 한동안 지속될 전망이다.

앞으로의 시간이 AI임을 부정하는 이는 없을 것이다. 국내에서는 AI를 움직이는 엔진, 즉 AI 반도체에 관심이 집중되고 있다. 글로벌 경쟁력이 있는 분야이자, 국내 반도체 기업과 시너지가 발생하는 곳이기 때문이다. 그러나 점차 일상생활과 밀접한 AI 서비스가 제조업의 경쟁력을 좌지우지할 것은 자명하다. 기업들이 AX로 전환하는 데 필요한 M&A를 어떻게 진행하는지 살펴보면 앞으로 기업의 흥망성쇠를 점칠 수 있을 것이다. 이는 로봇 산업도 마찬가지다. 로봇이 단순 제조업에 국한되어 사용되던 시기는 이미 지났으며, 커피를 내리고, 택배를 운반하며, 농산물을 수확하는 로봇들이 우리 앞에 나타났다. AI와 로봇을 선점하려는 기업들이 행보는 2025년에도 지속될 것이다.

마지막으로 바이오 산업에 대해 살펴보겠다. 전 세계적 고령화는 이미 현실이 되었고, 생명 연장의 꿈은 비단 진시황제만의 욕망이 아니다. 전 세계 사람들은 바이오헬스케어에 지갑을 열 준비가 되어 있다. 다만 시장의 온도는 양극화되어 있어, 매출이 확실한 진단기기나 기술 수출을 해낸 기업들만 투자를 받고 있다. 이런 트렌드에 발맞춰 변화하는 바이오사들만이 생존하는 게임은 한동안 지속될 전망이다.

기금 고갈에 대한 우려감은 기관투자자들의 풀리지 않는 숙제다. 3장에서는 기관투자자들의 투자 전략에 대해 조망했다. 시장의 변동성이 커지면 안정적 투자처에 돈이 몰리기 마련이다. 잃지 않는 게임을 해야 하는 것이 기관투자자들의 가장 큰 원칙이긴 하지만, 이에 안주할 수는 없다. 고수익 투자처를 외면해서는 기금 고갈을 피할 수 없기 때문에 투자 트렌드에 부합하면서 안정적 수익이 예고된 곳에 유동성이 몰리고 있다.

미용산업은 없어서 못 사는 바이아웃 투자처로, '묻지마 출자'를 결정하는 거의 유일한 섹터인데, 이런 투자의 근거가 무엇인지 살펴보도록 하겠다. 아울러 AI 혁명과 함께 부활한 반도체 슈퍼사이클의 생명력이 어느 정도 되는지 기관투자자의 입장에서 짚어 보고자 한다. 라면, 김 등 국내 K-푸드가 해외 시장에서 큰 인기를 끌고, 음식 자체에 관심이 높아지면서 기관투자자 입장에서 계륵과 같은 프랜차이즈 투자가 어떻게 변모되었는지 조망해 본다. 안정적 수익처인 폐기물 시장의 여전한 인기를 짚어 보고, 전기차 캐즘chasm 시대에 자동차 부품사에 또 한 번의 투자 기회가 있을지도 분석해 봤다.

2025년의 투자 생태계는 어떨까. 4장과 5장에서는 산업 전문가들이 전망하는 투자 전략을 크게 다섯 가지로 조망해 봤다. AI 혁명이 일상으로 삼투하고 있는 현실 속에서 단기적인 투자 전략을 다각도로 분석했다. 쿠팡으로 대변되는 이커머스 시장의 성장은 최근 알리, 테무 등 C-커머스의 침투로 새로운 국면에 다가섰다. 이에 커머스 시장의 투자 증대에 따라 새롭게 열리는 시장을 어떻게 봐야 할지 모색해 봤다. 제도적 측면에서는 일본에서 한 차례 성공한 '밸류업 프로그램'이 국내에서는 어떻게 적용

될지 살펴봤다. 마지막으로 또 하나의 가족인 '반려동물'을 시장과 투자적 측면에서 내다봤다. 기회와 위기가 복합적으로 교차하는 다섯 가지 시장을 종합적으로 바라본다면 미래 투자 전략을 세우는 데 하나의 나침판이 될 것이라고 기대한다.

마지막으로 이 책의 전신인 《사모펀드와 M&A 트렌드 2023》이 출간된 지 2년이 지났다. 한국 경제를 움직이는 사모펀드와 M&A를 종합적으로 조망하는 책이 더 풍부해지길 바랐지만, 아쉽게도 분석은 여전히 제한적이다. 돈이 흐르는 '맥脈'을 찾아 큰돈을 굴리는 사모펀드와 매년 살아남기 위해 변화를 두려워하지 않는 기업들의 M&A를 살펴보면 산업에 대한 통찰력을 보다 입체적으로 얻을 수 있다고 믿는다. 이 책이 미흡하나마 미래를 조망하려는 이들에게 도움이 될 수 있기를 희망한다.

/ 차례 /

프롤로그   004

PART 1

2024년 M&A 시장과 사모펀드 트렌드

1장   2024년 사모펀드 시장 트렌드 리뷰

01   '빈익빈 부익부' 대형사로 쏠리는 자금   018

02   투자 리스크 커지자 빛 보는 크레딧 펀드   023

인터뷰   증자만이 답이 아니다, "VIG가 제시하는 크레딧 대출 솔루션"   034

03   세컨더리·자진 상장폐지… 다양해진 투자 전략   038

04   백기사는 옛말, 재벌과 맞서는 사모펀드   049

인터뷰   업계 1세대가 전한다, "사모펀드, 기업 가치 제고 위한 징검다리"   062

2장   2024년 기업들이 주목한 M&A 대상

05   군살 빼는 대기업… 리밸런싱에 쏠리는 눈   068

06   커진 구조조정 시장, 알짜 기업 잡아라   077

07   AI 임팩트… AI 반도체에 투자 몰린다   088

08   다가온 미래, 로봇기업 쇼핑 나섰다   104

09   선택과 집중… 되는 바이오만 노린다   114

3장   2024년 기관투자자가 주목한 분야

10   '업황 부활' 미용산업, K-뷰티에 지갑 열렸다   122

11   돌아온 반도체 슈퍼사이클, 피크아웃은 언제?   132

12   K-푸드 열풍에 프랜차이즈 재평가   141

13   '현금 곳간' 폐기물, 식지 않는 인기   152

14   전기차 캐즘에 다시 보는 자동차 부품사   163

인터뷰   불황 산업에 담대한 베팅, 그 결과는?   174

PART 2

2025년 M&A 시장과 사모펀드 트렌드

4장   국내외 사모펀드 투자 트렌드

15   2025년 사모펀드와 M&A 시장 전망   188

16   2025년 산업경제 조망   200

5장   산업분석 및 투자 전략

17   생성형 AI, 새로운 투자 기회   212

18   급변하는 리테일 환경 : C-커머스의 공습   228

19   밸류업 프로그램, 일본 거버넌스 개혁을 참고한   243
     성공 전략 모색

20   캐즘 쇼크, 이차전지 지형이 바뀐다   254

21   반려인 1,500만 시대, 반려동물 산업 투자 전략   266

에필로그   275

PART

1

2024년
M&A 시장과
사모펀드 트렌드

1장

2024년 사모펀드 시장 트렌드 리뷰

PRIVATE
EQUITY
FUNDS
M&A

'빈익빈 부익부'
대형사로 쏠리는 자금

2024년 출자 시장은 톱티어 사모펀드PE, Private Equity들의 각축장으로 정의할 수 있다. 물론 출자 시장에서 대형사들의 종횡무진 활약상은 하루 이틀 일은 아니었다. 그러나 2024년에는 국내 최고 수준의 사모펀드들이 LPLimited Partner, 기관투자자 출자 사업에 달려들었다. 특히 그간 해외 출자자LP들 위주로 투자금을 끌어왔던 MBK파트너스가 2024년 국내 출자 시장을 휩쓸고 있다. 혹자는 "생태계 교란종이 나타났다"라고 평한다. 2024년 블라인드 펀드 출자 사업에서 위탁운용사 한 자리는 '떼놓은 당상'이라고 해도 과언이 아닐 만큼 MBK는 저력이 압도적인 하우스로 평가된다.

실제 MBK는 출자 사업에서 족족 위탁사로 선정되며 강한 모습을 보이고 있다. 상반기 핵심 출자 사업으로 꼽히던 국민연금공단, KDB산업은행, 한국수출입은행 출자 사업에서 연전연승을 거뒀다. 하반기 출자 사업에도 이미 지원을 마친 것으로 파악되는데, 출자 시장에서 톱티어 운용사GP들의 존재감을 엿볼 수 있는 사례다. 2023년에는 국내 또 다른 톱티어 하우스인 한앤컴퍼니가 국내 최대 LP 국민연금공단 출자 사업의 위탁운용사로 선정되기도 했다.

대형 운용사 쏠림은 과거에도 뚜렷했다. LP가 '믿을맨'인 운용사에 출자금을 맡기는 것은 어찌 보면 당연한 현상이다. 오랜 기간 출자자와 위탁운용사 관계를 이어오면서 신뢰가 쌓인 덕분인데, 다만 그 쏠림 정도는 새마을금고중앙회의 프로젝트 펀드 출자 중단 이후 더욱 심화된 분위기다. 소수 엘리트 사모펀드 외에 나머지 사모펀드들이 체감하는 출자 시장 난이도가 크게 높아졌다.

2021년까지만 하더라도 국내 M&A 시장은 호황기를 누렸고, 신생 사모펀드가 과감하게 대형 바이아웃을 감행하기도 했다. 유동성이 풍부하고 기업 밸류에이션을 후하게 쳐주는 분위기 덕에 M&A 시장은 활기를 보였다. 풍요가 가능했던 것은 저금리 혜택 덕분이었다. 저금리 상황에서 LP는 추가 운용 수익을 내기 위해 여러 투자 상품으로 눈을 돌려야만 했고, 리스크를 감내하고서라도 대체투자 등으로 자금을 돌릴 수밖에 없었다.

그러나 거시경제 변화로 도래한 고금리 시대가 출자 생태계를 크게 바꿔 놓았다. 금리가 상승곡선을 그리면서 2022년을 기점으로 본격적으로 출자 시장에 돈줄이 막히기 시작했다. LP는 굳이 위험을 감내하면서 사모펀드가 블라인드 펀드나 프로젝트 펀드에 출자할 동기가 줄어든 것이다. 이제는 대출 상품에만 투자하더라도 안정적으로 수익을 올릴 수 있게 됐다.

여기에 새마을금고중앙회 격변 사태가 프로젝트 펀드 시장에는 돌이킬 수 없는 치명타가 됐다. 새마을금고중앙회에서 기업투자를 담당하던 실무진과 고위 관계자들이 줄줄이 검찰 조사를 받으면서 출자가 중단됐다.

새마을금고중앙회는 2024년부터 새로운 투자 조직을 출범하면서 프로젝트 펀드 출자와 블라인드 펀드 출자를 재개했다. 그러나 새마을금고중앙회가 9월 공고한 출자 사업 디테일을 살펴보면 사실상 대형사 위주로 출자 대상을 제한한 것으로 평가된다. 신생 사모펀드를 발굴해 라이징 스타로 키우던 과거와는 완전히 결별한 모습이다.

2024년 신생 사모펀드가 일정 규모 이상 딜을 완수했다는 소식은 좀처럼 듣기 어려운데, 프로젝트 펀드 조성 자체가 쉽지 않기 때문이다. 프로젝트 펀드 앵커 LP로 나설 곳을 좀처럼 구할 수 없어 투자 영역도 소형 딜로 국한되고 있다. 과감하게 신생 사모펀드에 LP 앵커로 베팅하며 딜 메이커 역할을 하는 곳이 사라진 결과이기 때문이다. 2023년 CJ푸드빌에 700억 원을 투자한 신생사 아르게스프라이빗에쿼티 사례가 새마을금고중앙회 없이 500억 원 이상 딜을 종결한 예외 케이스로 꼽힌다.

출자금 확보에 어려움을 겪는 건 신생사만이 아니다. 중소·중견 규모 사모펀드들도 출자에 어려움을 겪기는 마찬가지다. 인수금융 등 대출 상품으로 LP들의 무게중심이 옮겨가면서 에쿼티 투자에 대한 비중을 줄인 결과다. 이미 나눠 먹을 파이는 줄어들었는데 이를 나눠 먹어야 할 운용사들은 여전히 많다. 출자금이 줄어들면서 LP로서도 최대한 안전하고 확실한 선택지로 출자금을 배분해야 하는데, 자연스럽게 대형 사모펀드들로 우선순위가 돌아가는 형국이다.

LP가 대형사를 선호하는 것은 어찌 보면 당연하다. LP는 개인 투자자와 닮았는데, 개인 투자자에게 많은 투자 상품 중 가장 좋은 상품을 고를 권리가 있는 것처럼 사모펀드에 출자금을 제공하는 LP에게도 선택권이 있다.

사모펀드의 네임밸류를 무시하기는 어려운데, 이는 내부 분위기와도 맞닿아 있다. 이전부터 신뢰를 쌓았던 사모펀드에 투자를 이행하는 편이 투자심의위원회와 내부 관계자들을 설득하는 데 용이하다. 인지도가 낮은 중소 사모펀드에 출자금을 맡기기 위해선 설득 작업이 필요한데, 이 경우 투자 실패 시 짊어져야 할 부담도 크다. 대형사 중심 출자는 담당자 입장에서 안전한 선택인 셈이다.

또 출자로 발생하는 성과보다는 손실 여부에 민감한 분위기도 모험적 출자를 억제하는 요소다. 투자 성공으로 대규모 수익금을 확보하더라도 담당자에게 돌아가는 보상은 미미하다고 LP 관계자들은 입을 모은다. 반대로 손실이 난 경우 이에 대한 소명이 불가피한데, 남다른 의욕이 없다면 상당 경우 '문제 없이 지내자'라는 스탠스로 임할 수밖에 없다는 전언이다. 성과 보상 시스템 점검이 필요한 지점이다.

투자 리스크 커지자
빛 보는 크레딧 펀드

2022년을 떠올려 보자. 정확히는 그때 당시 여러분의 자산을 떠올려 보자. 자산이 늘었는지 줄었는지를 보라는 것이 아니다. '주식과 현금 비율이 어땠는가?' 아마 대부분이 당시에 비해 지금이 주식 대비 현금 비중이 높을 것이다. 금융시장에 영향을 미치는 금리가 달라졌기 때문인데, 금리 변화는 당신의 주머니 사정은 물론 투자 판단에도 영향을 미쳤을 것이다.

금리는 투자 판단에 주요한 영향을 미친다. 2022년 3월부터 시작된 연이은 금리 인상은 투자 환경을 급격히 바꿔 놓았다. 저금리 환경 속 풍부한 유동성을 즐겼던 일부 투자자들은 조기 금리 인하를 기대했으나, 시장은 기대와 다르게 움직였다. 투자자들의 희망 섞인 전망만 지속될 뿐, 금리 인하는 끝내 시작되지 않았다. 미국 기준 금리는 여전히 4.75~5.00%를 유지하고 있다.

높아진 금리에 투자자들은 시장에 굴복하고 순응해야 했는데, 대체투자 시장도 마찬가지다. 돈을 빌리기 위한 비용이 높아지자 대체투자에 대한 인기도 식어 갔다. 적금만 해도 4%를 주는 세상에서 위험이 큰 대체투자에 대한 인기가 떨어지는 건 당연한 이치다. 저금리 시절 값싸게 돈을 끌어와 레버리지 투자에 나섰던 사모펀드들은 투자금 회수에 애를 먹기 시작했는데, 그들에게 출자해 준 LP들도 마찬가지였다. 수익률 제고를 위해 대체투자 시장에 뛰어들었으나, 이들이 출자한 운용사들의 포트폴리오 기업 가치는 뚝뚝 떨어졌다.

특히 기대감과 가능성을 안고 기업 가치가 올랐던 기업들은 치명상을 입었다. 바이오와 플랫폼 기업처럼 당장 이익은 적게 내거나 내지 못하지만, 성장에 대한 기대감이 컸던 기업들이 먼저 무너지기 시작했다. 벤처캐피탈Venture Capital, 이하 VC에 비해 보수적으로 투자하는 사모펀드지만, 이들도 위기를 겪은 건 마찬가지였다. 특히 인수금융을 적극 활용한 바이아웃 펀드 운용사들은 더 힘들어졌다.

일반적으로 바이아웃 펀드 운용사들은 전체 투자금의 절반가량을 인수금융으로 충당하는데, 인수금융을 많이 쓰면 수익률이 극대화되지만, 반대로 실패했을 때 위험도 커진다. 개인 투자자가 신용거래나 미수를 활용하는 것과 같은 원리다.

이러한 상황을 예측이라도 한 듯 대형 사모펀드 중심으로 선제적으로 크레딧 펀드 조성에 나섰다. 이미 해외에선 보편화한 운용 방식이지만, 한국에선 뒤늦게 문을 열었다. 기관 전용 사모펀드(경영참여형 사모펀드)는 2021년 10월 자본시장법 개정으로 전문투자형 사모펀드(헤지펀드)만 취급 가능한 대출형 상품을 다룰 수 있게 됐다. 경영참여형 사모펀드와 헤지펀드의 출발이 각각 2004년, 2011년인 것을 감안하면 다소 늦은 출발이다.

"높은 수익 필요 없어… 까먹지만 말아줘"

크레딧 펀드를 관통하는 키워드는 '중위험 중수익'이다. 말 그대로 폭발적인 수익을 기대할 수는 없으나, 하방의 위험을 막아둔 투자이며, 기존 바이아웃이나 메자닌 투자(주식과 채권의 중간 성격을 가진 금융상품에 대한 투자)에서 벗어나 대출이나 신용 방식의 투자를 활용한다. 일반적으로 사모펀드들의 지분 투자의 경우 최소 15%, 선순위 대출의 경우 6~7%의 수익률을 기대하는데, 크레딧 펀드는 이 사이를 공략해 LP들을 설득하기 시작했다.

크레딧 펀드의 경우 경영참여형 펀드보다 다양하고 복잡한 자산을 취급하는데, 과장을 조금 보태자면 유동화할 수 있는 상품이라면 모두 다룬다고 보면 된다. 자산 유동화란 비유동성 자산을 유가증권으로 전환해 이를 매각하는 것을 말하는데, 이론적으로는 자산에 대한 신용 및 가치평가만 이뤄지면 유동화가 가능하다. 회사채는 물론 대출담보부증권, 상업용 부동산 모기지, 매출채권, 심지어는 항공기 통행료도 투자 대상이 될 수 있다. 사모펀드들이 야만인으로 불리는 것을 감안하면 어찌 보면 당연한 수순이다.

설립 초창기만 해도 국내에선 크레딧 펀드에 대해 반신반의하는 분위기였지만, 모든 분야가 그렇듯 빅 하우스들이 선제적으로 시장을 개척했다. MBK파트너스와 스틱인베스트먼트 등이 국내에서 스페셜 시츄에이션ss 투자 시장을 열었고, 이후 IMM프라이빗에쿼티와 VIG파트너스, 글랜우드프라이빗에쿼티 등이 크레딧 전담 조직을 만들었다. 당시만 해도 여전히 저금리 시절이라 운용사의 '두 번째 주머니' 정도로 치부됐던 것이 현실이다.

시장의 회의적인 시선 속에서도 일부 크레딧 펀드 운용사들은 실적을 쌓아 나갔는데, 대개 최소 수익률 보장으로 하방을 다지는 안정적인 투자였다. IMM크레딧앤솔루션즈는 2021년 SK루브리컨츠 지분 40%를 약 1조 원에 사들였는데, SK이노베이션이 5.7% 수익률을 보장해 준 덕분에 거래가 성사됐다. IMM크레딧

앤솔루션즈는 엘앤에프(800억 원)와 대주전자재료(800억 원) 등에도 메자닌 투자를 단행했다. 글랜우드크레딧 역시 대기업 계열사로부터 수익률을 보장받으며 SK에코플랜트(4,000억 원)와 한화솔루션첨단소재(6,000억 원) 등에 투자했다.

몇 차례 거래가 이뤄졌지만, 크레딧 펀드에 대한 걱정 어린 시선은 여전했다. 특히 국내의 경우 금융지주나 증권사의 자금 여력이 막강할 뿐만 아니라, 연준이 금리 인상을 멈추고 피봇해 버리면 크레딧 펀드가 매력을 잃을 것이란 우려에서다. 하지만 고금리가 장기화하면서 상황이 크레딧 펀드 운용사에 우호적으로 변했다. 풍부했던 유동성을 바탕으로 집행했던 투자 건에서 대규모 부실이 발생함에 따라 금융당국의 입김이 거세졌고, 당국의 위험 관리 기조에 발맞춰 은행과 증권사들의 대출 여력이 줄어들면서 안정적인 투자처가 각광을 받기 시작했다.

LP 눈치싸움 끝… "우리도 출자할래"

LP 역시 크레딧 펀드 출자를 확대하는 분위기로, 고금리가 일상이 되면서 소위 '까먹지 않는 투자'를 해줄 곳이 필요하기 때문이다. 사모펀드가 기대 수익과 위험 등을 고려해 한 펀드 내에서 다양한 포트폴리오를 짜듯, LP도 마찬가지다. 출자금 일부는 조금은 위험하지만 높은 수익을 안겨주는 사모펀드나 VC에 출자한다. 반면 큰돈을 벌어오진 못하지만, 보수적 운용 기조를 가진 사모펀드에도 골고루 출자한다.

2025년 역시 크레딧 펀드에 출자하는 LP들이 늘어날 것으로 보이는데, 그 이유는 크레딧 펀드만 전문으로 다루는 사모펀드들이 늘었기 때문이다. 이미 IMM크레딧앤솔루션즈와 VIG얼터너티브크레딧, 글랜우드크레딧, 스틱인베스트먼트 크레딧 본부 등은 블라인드 펀드 조성에 열을 올리고 있고, 케이스톤파트너스 등도 크레딧 본부를 새로 만들었다. 과거 LP들은 크레딧 펀드 콘테스트 투자를 해 주고 싶어도 할 수 없는 환경이었는데, 참여할 수 있는 사모펀드의 수가 절대적으로 적어 소위 '구색'을 맞추기 어려웠기 때문이다. 하지만 이제는 상황이 달라졌다. 국민연금조차 크레딧 펀드와 디스트레스드 펀드(부실자산 인수 전문 펀드)에 3,500억 원을 출자했다. 김태현 국민연금 이사장이 2023년 해당 분야에 대한 출자를 늘리기로 했던 약속을 지킨 것이다. 군인공제회와 사학연금, 새마을금고, 우정사업본부 등도 콘테스트를 통해 크레딧 펀드 중심의 출자를 진행했다.

더욱이 2024년에는 국내 크레딧 펀드의 첫 회수 사례도 등장하며 시장 주목도도 높아졌다. VIG얼터너티브크레딧은 여행 스타트업인 마이리얼트립에 투자한 지 1년 반 만에 회수에 성공했고, 내부수익률IRR은 15%를 넘기며 일반적인 지분 투자에 준하는 수익률을 거뒀다. VIG얼터너티브크레딧은 2022년 7월 마이리얼트립이 발행한 500억 원 규모의 신주인수권부사채^{BW·Bond with Warrant}를 인수했다.

BW는 신주인수권과 채권이 결합한 형태로 일반 회사채에 새 주식을 미리 약속한 가격에 사들일 수 있는 권리가 붙은 것으로 이해하면 쉽다. 마이리얼트립 투자의 경우 사채 표면금리는 당시 인수금융 금리보다 2~3%포인트가량 높은 7%대로 설정했고, 신주인수권은 전체 사채 발행금액의 20%만 받았다. 여기에 마이리얼트립이 다음 라운드 투자를 받으면 사채 원리금을 가장 먼저 상환해야 한다는 조건을 달아 투자 안정성을 확보했다. 적절한 금리의 브릿지성 채권과 신주인수권을 조합해 피투자사와 투자자가 윈-윈 했다는 점에서 시장 주목도가 높았다.

스틱인베스트먼트의 차헬스케어 투자도 크레딧 펀드의 색채를 잘 드러낸 것으로 평가받는다. 스틱인베스트먼트는 차바이오텍이 발행하는 1,500억 원 규모의 교환사채^{EB} 인수를 추진하고 있다. 이 EB는 차바이오텍의 자회사인 차헬스케어 주식을 기초로 발행됐는데, 채권을 만기까지 보유해 원금과 이자를 받거나 차헬스케어 주식으로 바꿔 시세 차익을 노리는 거래다. 채권이라는 형태를 통해 안정성을 확보함과 동시에 상방이 열린 투자를 한 셈이다. 추후 비상장사인 차헬스케어가 기업공개^{IPO}에 나설 경우, 스틱인베스트먼트는 큰 차익을 기대할 수 있다. 기존 재무적 투자자^{이하} FI의 투자금 상환과 더불어 해외 병원 신설 및 리모델링을 위한 자금이 필요했던 차헬스케어의 문제를 해결해 준 투자다.

자금 조달 비용이 높아지면서 2023년부터 크레딧 펀드 운용사가 바이아웃 펀드와 협력하는 사례도 늘고 있다. 바이아웃 펀드 입장에선 모자란 자금을 조달할 수 있고, 크레딧 펀드 입장에선 경영권 인수라는 위험은 피하면서 이들이 깐깐하게 고른 우량 기업에 투자할 수 있었기 때문이다. 2022년엔 MBK파트너스와 베인캐피탈이 각각의 크레딧 펀드를 통해 인천 인스파이어 리조트 개발 사업에 3,000억 원을 투자했고, 2023년엔 베인캐피탈과 대신프라이빗에쿼티, 글랜우드크레딧이 힘을 합쳐 한화첨단소재에 5,000억 원을 투자했다. 2024년에도 무산되긴 했으나, JKL파트너스와 IMM크레딧앤솔루션즈가 이차전지 소재 기업인 천보 전환사채^{CB} 3,000억 원어치 인수를 검토했다.

건설 업계도 스타트업 업계도 크레딧 펀드로

최근 위기에 빠진 건설 업계도 크레딧 펀드로 시선을 돌리고 있다. 부동산 프로젝트파이낸싱PF 과정에서도 크레딧 펀드 투자가 가능한데, 프로젝트파이낸싱 자산유동화기업어음PF-ABCP 등을 대신하기 위해 크레딧 펀드를 통한 자금 조달을 검토하는 것이다. 기본적으로 담보자산과 차주에 대한 신용 보강이 확실하다면 대출 형식의 투자도 가능하다. 최근 PF 사업장에 대한 금융기관들의 신규 대출, 차환이 사실상 어려운 상황에서 크레딧 펀드를 찾는 부동산 사업자들이 늘어난 것으로 전해진다.

PF-ABCP프로젝트파이낸싱 자산유동화기업어음는 ① 시행사 등 부동산 개발 사업자에 자금을 댄 대주단이 대출채권을 자산유동화회사SPC에 넘기고, ② SPC는 대출채권을 토대로 ABCP를 발행해 투자자에게 파는 구조로 이뤄져 있다. 크레딧 펀드를 활용할 경우 상대적으로 안정적인 자금 조달 구조를 만들 수 있다. PF-ABCP는 일반적으로 만기가 3개월로 짧은 반면, 크레딧 펀드는 평균 투자 기간이 3~5년이다.

PF-ABCP 신규 발행은 어려운 상황이고 설사 발행해도 현시점에선 투자 주체가 마땅치 않다. 이에 금리가 올라가고, 금리가 올라가니 불안감이 커져 투자를 꺼리는 악순환의 반복이다. 크레딧 펀드는 은행보다는 금리가 높지만 ABCP보다는 낮으며, 최근 한 자릿수 후반대 금리도 가능한 것으로 전해진다.

메리츠증권이 롯데건설 구원투수로 나서 막대한 차익을 거둔 사례를 크레딧 펀드도 지켜봤을 것이다. 메리츠증권은 지난해 '레고랜드 사태'로 유동성 위기에 빠졌던 롯데건설과 1조 5,000 억 원 규모의 펀드를 공동 조성한 바 있다. 이를 통해 약 1년 만에 원금을 회수하고 이자 1,000억 원을 벌어들였다.

스타트업 업계도 크레딧 펀드를 활용한 자금 조달을 고려해야 하는 상황이다. 유동성 축제를 즐기던 스타트업들은 높아진 조달 비용에 자금난을 겪고 있다. 구조조정을 단행해도 대규모 현금이 유입되지 않으면 기업이 존폐 위기에 놓이는 경우도 부지 기수다. 새롭게 FI를 유치하기엔 기업 가치를 낮춰야 하는 상황이 많은데, 기존 FI는 다운 밸류를 쉽게 허락하지 않기 때문에 결국 지분 투자가 아닌 대출 등을 고려할 수밖에 없다. 특히 매출이나 영업이익 등 '숫자'를 보여주기 어려운 스타트업은 은행이나 증권사 등 기존 금융권에서 조달하긴 쉽지 않다. 자금난을 겪던 마이리얼트립도 VAC얼터너티브크레딧의 적절한 지원 덕분에 턴어라운드에 성공했다는 평가를 받는다.

시작 때보다는 위상이 높아졌지만, 크레딧 펀드는 여전히 넘어야 할 산이 남아 있다. 국내의 경우 참신한 딜 구조를 제시하기보다 그동안의 업력과 네트워크를 갖춘 은행이나 증권사들이 유리한 고지를 점하고 있기 때문이다. 과감한 베팅을 해야 하는 바이아웃 펀드의 경우 의사결정이 느리고 보수적인 금융사보다 사모펀드가 강점을 가질 수 있다. 하방을 다지는 안정 지향적인 투자 건의 경우 사모펀드가 금융사를 이기긴 쉽지 않다는 평가다.

하지만 점차 금융시장이 발전하면, 바이아웃 펀드 운용사들이 그랬듯 크레딧 펀드가 금융사들과 어깨를 나란히 하는 순간이 올 것이란 평가도 있다. 그 이유는 해외에서 다양한 구조화 투자를 경험했던 인력들이 국내로 들어오고 있기 때문이다. 기관 전용 사모펀드 시대가 열리며, 규제로 생겼던 기울어진 운동장이 사라진 점도 긍정적인 영향을 미칠 것으로 보인다.

증자만이 답이 아니다
"VIG가 제시하는 크레딧 대출 솔루션"

_한영환 VIG파트너스 부대표 인터뷰

스타트업이 대출을 받았다는 소식은 좀처럼 듣기 어렵습니다. 담보로 잡을 실물 자산이 없고, 이익도 잘 내지 못하기 때문에 지분 투자 일색입니다. 하지만 스타트업도 하나의 기업입니다. 기업은 점점 커지는데, 다양한 자금 조달 수단이 필요할 수밖에 없죠. 그렇다고 매번 증자만 할 순 없는 노릇입니다. VIG파트너스는 이 틈을 파고들었습니다. 크레딧 부문을 담당하는 VIG얼터너티브크레딧을 통해 새 시장을 열었다는 평가를 받습니다.

VIG얼터너티브크레딧을 이끄는 한영환 VIG파트너스 부대표는 골드만삭스 합류 전 VIG파트너스의 전신인 보고펀드 공채 1기로 입사해 사회생활을 시작했습니다. 2021년 고향인 VIG파트너스로 돌아온 한 부대표는 경기도 이천 물류센터 투자를 시작으로 여행 스타트업 마이리얼트립 투자로 국내 시장에 이름을 알렸습니다. 그에게 국내에는 생소한 개념인 크레딧 펀드에 대해 물었습니다.

크레딧 펀드가 무엇인지 쉽게 설명해 주세요.

💬 은행이 못 하는 거래를 하는 곳이라고 생각하면 편합니다. 기존 금융기관에서는 하지 못하는 거래를 크레딧 펀드가 메꿔 주면서 시작됐어요. 금융기관은 규제나 위험 관리 때문에 투자하지 못하지만, 돈을 필요로 하는 곳이 있기 마련입니다. 위험 관리 규정이 갈수록 엄격해지면서 시장은 커지고 있습니다. 크게 선순위 대출을 다루는 다이렉트 랜딩 펀드와 중순위 대출을 다루는 메자닌 펀드, 지분 투자를 통한 상방이 열린 스페셜시츄에이션 펀드로 나뉘며, 뒤로 갈수록 목표 수익률이 높아집니다.

한국엔 여전히 생소한 개념 같은데, 뿌리 내리지 못한 이유가 있나요?

💬 한국은 미국과 다르게 자본시장보다는 금융기관의 영향력이 큰 곳입니다. 은행들이 워낙 자금력도 좋고, 잘할 뿐만 아니라, 2금융권도 대출을 활발히 하기 때문에 사모펀드가 비집고 들어갈 틈이 없었죠. 그래서 사모펀드들은 주로 CB나 BW 등 메자닌 투자에 집중할 수밖에 없었습니다. 사실 이런 투자는 해외로 치면 스페셜시츄에이션에 가깝다고 봐야 합니다. 물론 에쿼티 펀드에 가깝다고 볼 수도 있는데, 지분 투자를 하되, 보호 장치를 마련해 구조화했기 때문입니다. 생소한 개념인 만큼 용어도 혼재된 측면이 있는 것 같습니다.

투자 방식은 다양한데, 왜 하필 크레딧 펀드를 택했나요?

💬 골드만삭스 시절부터 해온 투자입니다. 골드만삭스 아시안스페셜시츄에이션스그룹ASSG에서 10여 년간 일하며 다양한 구조화 투자를 경험했습니다. VIG파트너스로 돌아와 어떤 분야에서 돈을 필요로 할지 쭉 훑어봤는

데, 돈이 안 들어가는 분야가 없더라고요. 모든 분야에 쟁쟁한 플레이어들이 있었습니다. 그나마 경쟁력을 가질 수 있다고 판단한 곳이 벤처대출이었습니다. 조 단위 유니콘은 쏟아지는데, 지분 투자 말곤 대안이 없었어요. 2017년 골드만삭스 시절 쿠팡에 유리한 조건으로 대출해 준 적이 있는데, 지금과 상황이 크게 다르지 않았죠. 해외의 경우 회사가 커지면 자금 조달 구조도 복잡해지는데, 한국은 그런 형태의 펀드가 없었습니다.

금리는 크레딧 펀드에 어떤 영향을 미치나요?

💬 금리는 크레딧 펀드엔 중립적인 변수입니다. 특정 금리 상황이 유리하다고 말할 수 없어요. 금리가 올라간다는 건 투자할 때 수취할 수 있는 고정금리가 올라간다는 의미지만, 반대로 주식 가격이 떨어질 수 있으니 지분 투자를 통해 기대할 수 있는 업사이드는 줄어들 수밖에 없습니다. 그때그때 상황에 맞게 운용을 잘해 절대 수익률을 맞추기만 하면 되거든요. 물론 앞으로의 금리 방향을 고려는 하겠지만, 예측해서 운용하긴 쉽지 않습니다.

VIG크레딧이 추구하는 방향은 무엇인가요?

💬 저희가 추구하는 건 앞서 설명한 스페셜시츄에이션 펀드입니다. 보통 목표 수익률을 15% 내외로 잡습니다. 수익률의 절반 정도는 대출을 통한 이자로 수취하고, 나머지는 지분 투자를 통한 업사이드를 노리는 거죠. 회사가 망하거나 담보 가치가 흔들리지만 않으면 이자는 확실하게 수취할 수 있습니다. 여기에 회사 기업 가치가 크게 오르면, 많게는 30%까지 수익률을 노려볼 수 있습니다.

투자 대상은 어떻게 찾았나요?

💬 골드만삭스 시절 같이 근무한 동료가 마침 국내 굴지의 VC에서 일하고 있었습니다. 그를 찾아가 아이디어를 공유했더니, 너무 맞는 얘기라며 조언을 해줬어요. VC 입장에선 이미 에쿼티 펀드를 운영하기 때문에 크레딧 펀드를 늘려나갈 수 없었습니다. 누군가 이런 펀드를 만들어 유동성을 공급해주길 바랐다고 하더군요. 믿을 만한 VC였기 때문에 이들이 투자한 기업 중에 우량한 기업이 있을 것으로 판단했고, 적합한 기업을 스크리닝하기 시작했습니다.

그렇게 찾은 게 마이리얼트립인가요?

💬 맞습니다. COVID-19 팬데믹이 막 끝난 시점이라 실적이 어떻게 나올지 알 수 없었기 때문에 회사가 원했던 기업 가치로 지분 투자를 받긴 쉽지 않았습니다. 투자를 받으려면 기업 가치를 많이 낮춰야 했습니다. 결국 중간에 가교 역할을 해줄 펀드가 필요했고, 저희가 2022년 7월에 투자하게 됐죠. 다행히 예측했던 대로 기업이 잘 성장했고, 1년 반 만에 높은 수익률로 투자금을 회수할 수 있었습니다.

세컨더리·자진 상장폐지…
다양해진 투자 전략

'ㅁㅁ파트너스, A 기업 수천억 원에 인수'

언론 기사에서 흔히 접할 수 있는 헤드라인이다. 사모펀드는 적게는 수백억 원, 많게는 조 단위의 자금을 굴린다. 워낙 인건비가 높은 고급 인력이 몰리기 때문에 작은 기업에 투자해서는 소위 말해 가성비가 나오지 않는다. 하우스마다 다르지만, 투자에 관여하는 인력은 극소수다. 국내 톱티어 운용사도 프론트 인력은 30명 내외로 알려졌다.

누구보다 큰돈을 굴리지만, 운용사들은 투자 수익의 전부를 가져갈 순 없다. 자기 돈이 아니기 때문에 수익을 내서 돈을 빌려준 사람에게 투자금의 일부를 돌려줘야 한다. 운용 중엔 관리 보수를 받지만, 결국 펀드를 청산해야 이를 바탕으로 수익을 정산하고 성과 보수를 받는다. 펀드마다 다르지만, 일반적으로 내부 수익률IRR을 기준으로 8% 이상이 될 경우 성과 보수를 수령할 자격이 주어진다. 사모펀드나 돈을 빌려준 사람들이나 펀드를 청산하고 싶은 마음은 굴뚝 같다.

하지만 2024년에는 유독 펀드 만기 연장이 많았다. 이익을 극대화하기 위해 펀드 만기를 연장하는 경우도 있지만, 이런 경우는 드물다. 보통은 펀드 내 자산이 골머리를 썩일 때 어쩔 수 없이 연장을 택하는 경우가 대부분이다. 펀드마다 다르지만 한 개의 블라인드 펀드로 적게는 5개에서 많게는 8개까지 투자하는데, 이 중 하나라도 손실 처리돼도 전체 펀드 수익률을 모두 잡아먹어 버릴 수 있으므로 사모펀드들이 투자에 앞서 신중에 신중을 기하는 이유기도 하다.

한국의 경우 펀드 만기는 길어야 10년이 최대다. 통상적으로 블라인드 펀드의 생명은 8년인데, 1년씩 2번 연장해 10년까지 늘어나는 경우다. 이상적인 경우 펀드 조성 4~5년 차부터 투자 자산에 대한 회수 절차에 돌입해 만기가 다가오기 전에 청산 절차를 밟는다. 그리고 펀드 자금이 다 소진되면 새로운 펀드를 조성한다.

앞선 펀드에 대한 회수 절차가 순조로우면 자금 유치도 순항하지만, 투자 실패로 스텝이 꼬일 경우 운용사가 존폐 위험에 놓이기도 한다. '미다스의 손'에서 '마이너스의 손'으로 전락하는 경우가 적지 않다.

2023년 운용사가 존폐 위기에 놓이는 상황까지 보면서 사모펀드들 사이에선 "팔 수 있을 때 팔자"라는 분위기가 형성됐다. 또 유동성 감소로 투자 기조가 보수적으로 변하면서, 이미 다른 사모펀드가 한번 검증을 마친 회사를 선호하는 경향도 생겼다. 두 욕구가 맞아떨어지면서 사모펀드가 들고 있던 기업을 사모펀드가 사는 세컨더리 거래가 활발해졌다. 블랙스톤과 제네시스프라이빗에쿼티, VIG파트너스, IMM인베스트먼트, IMM프라이빗에쿼티, 프랙시스캐피탈파트너스 등의 사모펀드들이 2024년 들어 국내 주요 포트폴리오 기업 지분 및 경영권 매각을 진행하면서 SI, 즉 일반기업이 아닌 사모펀드를 거래 상대로 삼았다.

블랙스톤은 2024년 4월 국내 최대 의약품 유통기업인 지오영을 MBK파트너스에 매각했는데, 지오영의 기업 가치는 약 2조 원 수준으로 책정됐다. 제네시스프라이빗에쿼티는 최근 KJ환경 등 재활용 기업들을 EQT파트너스에 일괄 매각했는데, 이 역시 총거래 규모가 1조 원을 웃돌며 국내 재활용 분야 M&A 건 중 최대 규모다. 2024년 7월, VIG파트너스는 상조회사 프리드라이프 보유지분 80% 중에서 20%를 약 2,000억 원에 KKR에 매각했다.

IMM프라이빗에쿼티 역시 합성의약품 전문 CDMO 기업인 제뉴원사이언스를 7,500억 원에 맥쿼리자산운용 측에 매각했다. 앞서 맥쿼리 자산운용은 IMM프라이빗에쿼티로부터 탱크터미널 운영사 유나이티드터미널코리아UTK를 약 3,000억 원에 인수했다. 이 외에도 프랙시스캐피탈파트너스가 서비스형 소프트웨어SaaS 업체 비즈니스온을 스카이레이크에쿼티파트너스에 매각하는 등 사모펀드 간 거래가 이어졌다.

이러한 거래들은 사모펀드에는 일석이조다. 투자 이후 적정 시점에 성공적으로 매각했다는 실적을 만들 수 있고, LP들의 분배금 지급 요구DPI도 맞출 수 있게 된다. LP 입장에선 같은 자산에 대해 회수 후 재투자도 가능해지는 셈이다. 사모펀드는 '투자-관리-매각'이라는 세 톱니바퀴가 꾸준히 맞물려 돌아가야 하는데, 세컨더리 거래가 윤활유 역할을 한 셈이다.

기관유한책임사원협회ILPA에 따르면 글로벌 세컨더리 시장 거래 규모는 2022년 1,020억 달러에서 2024년 1,500억 달러까지 증가할 전망이다. 세컨더리 시장이 성장한 배경은 사는 쪽과 파는 쪽의 니즈가 맞았기 때문이다. 사모펀드 시장에 자금이 급격히 흘러들어오면서 파는 쪽은 빠른 회수와 펀드 청산이 필요하고, 사는 쪽은 펀드 자금을 빠르게 소진해야 상황에 처했다. 다만 이러한 거래가 사모펀드 간 '폭탄 돌리기'라는 비판이 있는 것도 사실이다. 또 사모펀드는 인수한 기업의 비효율을 개선해 기업 가치를 올려왔던 만큼, 한번 사모펀드의 손을 탔던 기업들은 가치가 더 오르는 데 한계가 있을 것이란 회의적인 시각도 있다.

VC의 경우 아예 세컨더리 거래만을 위한 펀드를 조성하기도 한다. 세컨더리 펀드를 조성하면 출자자 눈치를 보지 않고 마음껏 구주 투자를 할 수 있다. 기본적으로 VC가 운용하는 블라인드 펀드의 경우 주된 목적이 있는데, 예를 들어 문화·콘텐츠 펀드라고 한다면 해당 산업에 종사하는 기업에 투자해야 한다. 또 조달 자금 중 정책 자금의 비중이 크기 때문에 산업 활성화 차원에서 신주 투자를 기본으로 한다. 이유는 구주 거래는 회사가 아닌 기존 주주에게만 돈이 흘러가 산업 발전에 기여한다고 보긴 어렵다는 시각 때문이다. 다만 사모펀드의 경우 따로 세컨더리 펀드를 조성하진 않는다. 굴리는 돈에서 정책 자금 비중이 크지 않고, 구주 거래를 통해서라도 수익률만 확보하면 되기 때문이다.

세컨더리와 함께 컨티뉴에이션 펀드도 주목받을 것이란 기대가 많았다. 컨티뉴에이션 펀드는 기존 사모펀드는 그대로 유지하고, 기존 펀드가 보유한 자산이나 기업을 새 펀드로 이전해 투자하는 전략이다. 펀드 만기를 연장하는 것과 비슷한 효과를 갖다 보니 투자한 기업의 상태가 아주 좋거나, 인프라성 매물이어서 꾸준한 현금이 기대될 때 활용 가능하다. 예컨대 A 운용사가 펀드 만기 시점에 B 기업을 팔아야 하는데, 지금 시점보다 기업 가치가 올라갈 것으로 기대된다고 해 보자. 펀드는 이미 8년 만기에 2년이나 연장했다면 컨티뉴에이션 펀드를 고려할 수 있다. 새 투자자들을 찾아 펀드를 조성해 B 기업의 기존 펀드에 담긴 자산을 새 펀드로 인수하는 것으로, 꾸준한 현금흐름이 기대돼 안정적인 투자처인 경우에도 가능하다.

유용해 보이는 수단이지만, 2023년에 이어 2024년도 국내에서는 컨티뉴에이션 펀드가 조성되지 못했다. 지난 2022년 한앤컴퍼니가 쌍용C&E에 대한 재투자 목적으로 1조 9,000억 원 규모의 컨티뉴에이션 펀드를 조성한 것이 국내 최초이자 마지막이다. 컨티뉴에이션 펀드는 기업 가치가 꾸준히 상승할 경우 수익을 극대화할 수 있지만, 그만큼 큰 위험을 감수해야 하고 실무적으로도 여러 난관을 넘어야 한다.

가장 큰 문제는 이해 상충의 문제다. 운용사 입장에서는 매도자이자 매수자이기 때문에 기업의 공정가치를 책정하는 게 쉽지 않다. 매도자 입장이 되면 거래 가격이 공정가치보다 높게 책정될 우려가 있고, 매수자 입장이 되면 거래가격이 공정가치보다 낮게 매겨질 수 있다. 이 때문에 LP 투자자는 운용사가 선정한 자문사와는 별도로 LP의 입장과 이익을 대변하는 독립적인 제삼자 자문사를 선정해야 한다. 또 기존 LP 투자자가 컨티뉴에이션 펀드를 승인해 다시 새 펀드에 출자할 경우, 비용이 추가로 발생하는 문제도 있다. LP 입장에선 같은 기업에 투자했기에 익스포저(노출도)와 위험은 같지만, 기존 펀드를 청산했기에 운용사에 성과 보수를 지급해야 하기 때문이다. 또 기존 펀드에서 수익을 냈다고 하더라도 새 펀드에서 손해를 볼 경우 해당 거래를 주도했던 실무자는 책임을 피하기 어렵다.

컨티뉴에이션 펀드까진 아니지만, 매각자가 매각하는 자산에 재투자한 사례가 2024년에 있었다. 블랙스톤은 일본의 아리나민제약을 약 3조 원에 MBK파트너스에 매각했다. 사모펀드 간 크로스보더 세컨더리 거래였는데, 인상적인 부분은 블랙스톤이 매각 기업인 아리나민제약에 1억 달러가량을 재투자했다는 점이다. 이럴 경우, MBK파트너스 입장에선 3조 원에 달하는 인수 대금에 대한 부담을 일부 낮출 수 있다. 그리고 블랙스톤은 우량한 기업에 재투자하는 기회를 얻을 뿐만 아니라, 해당 자산의 가치가 고점이어서 매각하는 것이 아니라 아직 성장 여력이 충분하다는 신호를 시장에 줄 수 있다.

세컨더리 거래와 함께 2024년 사모펀드 전략 중 두드러졌던 것은 자진 상장폐지다. 주식 투자자들은 상장폐지라는 단어를 보면 가슴이 철렁 내려앉는다. 상장폐지는 대부분 대주주의 횡령이나 배임 등의 악재로 기업이 존속하기 어려울 때 발생하기 때문이다. 하지만 사모펀드가 대주주로 올라서는 경우 전략적으로 자진 상장폐지를 택하기도 하는데, 이 경우 사모펀드가 소액 주주들의 주식을 일반적으로 비싼 값에 공개매수하기 때문에 주가가 급등하는 경우가 많다. 특히 해외의 경우 사모펀드가 상장사를 매수하더라도 상장폐지 시키는 경우가 대부분인데, 대주주 지분 외에도 소액 주주 지분은 공개매수하는 식이다. 상장 상태를 유지하면 자금 조달에는 유리할 수 있지만, 여러 단점도 있다. 의사결정 때마다 소액 주주 동의를 얻어야 하기 때문에 비상장사보다 움직임이 느릴 수밖에 없고, 공시 의무가 있어 기업 가치 제고 전략 등을 외부에 노출해야 하는 위험도 있다.

무엇보다 기업 가치가 하루 단위로 외부에 노출되는 점이 큰 부담이다. 흔히 좋은 기업은 결국 주가가 오른다고 하지만, 주가와 기업 가치가 따로 움직일 때가 있기 마련이다. 하지만 사모펀드나 사모펀드에 출자해 준 LP는 결산 시에 주가를 기재할 수밖에 없는데, 결산 시 인수 당시보다 주가가 내리면 결국 장부상 손실을 보고 있는 상황인 만큼 불편할 수밖에 없다.

대표적인 예가 IMM프라이빗에쿼티다. IMM프라이빗에쿼티는 화장품 회사 미샤의 운영사인 에이블씨앤씨와 하나투어를 보유하고 있었는데 COVID-19로 실적이 꺾였다. 실적이 악화했던 것은 사실이지만, 비상장사였다면 받지 않았을 관심도 상장사라는 이유로 더 관심을 받기도 했다. IMM프라이빗에쿼티는 현재 두 기업의 가치 개선에 집중하고 있다.

그동안 국내의 경우 상장사 경영권 지분만 프리미엄을 더해 인수해 운영하는 경우가 더 일반적이었다. 사모펀드가 비상장사를 인수하면 자금 조달 측면은 어느 정도 해소되는 경우가 많다. 그럼에도 상장을 유지했던 이유는 한국이 금융 후진국이어서 가능했던 것으로 보인다. 25%의 지분만 갖고도 대주주라는 이유로 마치 지분을 100% 보유한 것처럼 회사를 운영할 수 있었던 탓이다. 하지만 최근엔 주주환원이나 밸류업에 대한 금융당국의 압박도 강해지고 있고, 개인 투자자들의 관심도 늘어나 사모펀드들도 대놓고 이러한 운영을 반복할 수 없다.

아마 독자들의 뇌리에 공개매수 후 상장폐지가 강하게 박힌 기업은 오스템임플란트일 것이다. 직원이 수천억 원을 횡령한 탓에 건실하던 임플란트 기업이 거래정지 됐고, 많은 투자자가 곤경에 처했다. 위기에 빠진 기업이 정상화한 뒤 대뜸 MBK가 최대 주주 지분과 함께 소액 주주 지분을 공개매수하며 상장폐지한 덕에 시장에 강한 인상을 남겼다.

경제 뉴스를 자주 보는 독자들은 2024년 유독 공개매수라는 단어를 많이 접했을 것이다. 생경했던 단어가 자주 들렸던 탓도 있겠지만, 실제 통계로도 많이 늘었다. 2024년 상반기만 집계해도 사모펀드 발 공개매수는 5건에 달했다. ① 어피너티에쿼티파트너스의 락앤락, ② 한앤컴퍼니의 쌍용C&E, ③ MBK파트너스의 커넥트웨이브, ④ 아키메드의 제이시스메디칼, ⑤ 스카이레이크에쿼티파트너스의 비즈니스온 공개매수가 그 예다. 2021년과 2022년 2건, 2023년에 4건에 불과했던 것에 비하면 확연히 늘어난 것이다.

다만 공개매수 후 상장폐지 전략이 더 잦아질지는 미지수다. 시장 참여자들의 기대 심리로 공개매수가보다 주가가 높아지는 경우도 빈번해졌고, 공개매수 전략을 펴기 위해선 자금력이 충분해야 하기 때문이다. 법규상 공개매수 자금 전액을 현금으로 미리 갖춰야 하는 만큼 대형 사모펀드나 대기업이 아닌 이상 시도하기 쉽지 않다. 금리 인하기를 맞아 증시가 상승장에 접어들 경우, 공개매수 비용은 더 커진다.

현재 계류 중인 법도 이를 뒷받침한다. 2022년 12월 금융위원회는 주식 양수도 방식의 경영권 변경 시 일반 투자자 보호 방안을 발표하며, 상장사 M&A 시 의무 공개매수 도입을 발표했다. 상장사 지분 25% 이상을 취득해 대주주가 되는 경우 '50%+1주'의 주식을 추가로 매입하는 제도로, M&A 과정에서 피인수 기업의 소액 주주도 보유 지분을 경영권 프리미엄이 반영된 가격에 팔 수 있게 해 주자는 취지다.

관련 법안도 함께 발의됐으나 22대 국회로 넘어가며 폐기됐고, 지금은 더 강력한 법안이 계류된 상황이다. 강훈식 더불어민주당 의원은 올해 6월 '50%+1'주가 아니라 지분 100%를 인수하도록 하는 자본시장법 개정안을 대표 발의했는데, 경영권 인수와 동시에 상장폐지로 가는 셈이다. 인수자 입장에서는 소액 주주에게도 경영권 프리미엄을 얹어줘야 하므로 비용 부담은 더 커질 수밖에 없다. 무엇보다 이미 30% 정도의 지분으로 상장사를 인수한 상태인 운용사들은 투자금 회수 경로가 막막한데, 새로 인수하는 쪽이 법안이 없었다면 사용했을 비용보다 훨씬 더 큰 금액을 마련해야 하기 때문이다. 다소 급진적인 법안이어서 지분율이 조정될 가능성이 크지만, 장기적인 방향성은 정부와 국회가 모두 동의한 만큼 장기적으로는 개정될 것으로 보여 상장사 거래는 냉각될 듯하다.

백기사는 옛말,
재벌과 맞서는 사모펀드

재벌가 관련 소식은 언제나 뜨겁다. 나도 모르게 손이 가 기사를 읽지만, 가끔은 뭐 이런 것까지 기사가 되나 싶은 생각이 든다. 하지만 (나를 포함해) 대중들의 관심이 매우 높기 때문에 언론은 늘 이들에 대한 이야기를 다룬다. 사람들이 재벌에 관심을 갖는 이유는 다양하다. 누군가는 시기와 질투의 시선을 보내고, 누군가는 선망과 동경의 눈빛으로 이들을 바라본다. 2024년에는 최태원 SK그룹 회장과 그의 아들이 나란히 어깨동무한 사진이 가장 화제가 됐던 듯하다.

재벌들이 가십으로 소비되는 것과는 별개로, 그들이 한국 경제에서 행사하는 영향력은 막강하다. 우리가 아는 대부분의 산업에 재벌의 손이 미치지 않는 영역이 없다고 해도 과언이 아니다. 최첨단 기술이 필요한 반도체부터 매일 같이 우리 밥상에 올라오는 식재료까지 재벌 기업의 손을 탄다. 이런 행태가 옳으냐 그르냐를 떠나, 누가 됐든 재벌과 척지는 것은 피곤한 일이다. 사업을 한다면 더더욱 그렇다.

사모펀드도 마찬가지다. 기업을 사고팔거나, 투자를 통해 이익을 내는 사모펀드 입장에서 재벌은 가까이 지내야만 하는 존재다. 재벌 입장에서도 사모펀드는 믿을 만한 파트너다. 위기에 처했을 때 자본을 내어줄 뿐만 아니라, 이들의 경영권을 탐하는 경우도 없었기 때문이다. 오랜 기간 재벌과 토종 사모펀드는 악어와 악어새 같은 밀월 관계를 유지해 왔다.

사모펀드는 재벌 기업의 백기사White Knight 역할을 하는 경우가 대부분이다. 백기사란 기업 간 적대적 M&A가 진행될 때 기존 경영진의 경영권 방어를 돕는 우호 주주를 뜻하는데, 단순히 공격받는 기업의 편을 들어 의결권을 행사할 때도 백기사라고 불러준다. 국민연금도 국내 기업들의 백기사로 가장 자주 거론되는데, 백기사 대신 '우리 편'을 넣어서 다시 읽어 보면 이해가 쉽다.

재벌 기업의 경우 적은 지분으로 그룹 전체를 지배하는 경우가 많아 이따금 외부 세력의 목표가 되곤 한다. 국내 시장에서 가장 유명한 사례는 소버린 사태로, 지난 2003년 외국계 헤지펀드인 소버린자산운용이 SK글로벌(현 SK네트웍스) 분식회계에 따른 경영 공백을 틈타 지분을 14.99%까지 늘려 최대 주주에 오른 사건이다. 당시 최태원 SK 회장 등 그룹 경영진은 SK글로벌의 1조 5,000억 원이 넘는 초대형 분식회계 사실이 알려지면서 검찰 수사와 재판을 받고 있었다. 소버린은 사외이사 추천과 자산 매각, 주주 배당 등을 요구했으며 소액 주주와 노조, 시민단체 등을 끌어들여 최 회장 퇴진 등 재벌 기업 개혁을 주장했다. SK그룹은 최 회장 친족들과 힘을 합쳐 가까스로 경영권을 방어했지만, 소버린은 9,000억 원이 넘는 투자 차익을 챙겨 2005년 유유히 한국을 떠났다. SK 입장에서는 간담이 서늘했던 순간이다.

사모펀드가 나서 재벌 기업의 경영권을 지켜줬을 때 효익은 단순 투자 수익만 있지 않다. 재벌 집단에 믿을 만한 파트너라는 신뢰감을 주면서, 다른 투자 기회를 얻을 수도 있다. 재벌 기업이 계열사를 매각하거나, 포트폴리오를 확장할 때 이미 신뢰를 보여줬던 사모펀드를 먼저 찾기 마련이다. 소버린 사태는 국내 사모펀드가 태동하기 전인 2003년으로, 만약 저 당시 SK에 손을 내밀었던 사모펀드가 있었다면 어땠을까. 재계 서열 2위까지 치고 올라선 SK그룹의 성장 과실을 조금이라도 함께 향유하지 않았을까.

위기의 순간, 손 내민 사모펀드

2005년 이후 국내 사모펀드들이 문을 연 이후, 많은 사모펀드 가 재벌 기업과 우호적 관계를 쌓으며 백기사 역할을 자처했다. 밀월 관계를 유지한 사모펀드 중 하나는 H&Q코리아다. H&Q 는 미국계 투자은행으로 1968년 미국 샌프란시스코에서 출발해 애플컴퓨터와 아마존 등 빅테크 기업 IPO 주관으로 이름을 알렸 다. 1986년 아시아 시장에 진출해 쌍용투자증권(현 신한투자증권) 경영권 인수를 위해 1998년 한국 사무소를 차렸고, 이곳이 H&Q 코리아의 모태다.

H&Q코리아는 2008년 2호 펀드에서 시작한 하이마트 투자 를 시작으로, 3호와 4호 펀드에서도 기업 백기사로 활약했다. 첫 투자는 백기사보다는 일종의 중재자에 가까웠다. H&Q는 2010 년 하이마트 전환우선주에 900억 원을 투자했다. 하이마트가 2011년 상장에 성공하면서 막대한 차익이 기대됐다. 하지만 하 이마트 1대 주주인 유경선 유진그룹 회장과 2대 주주이자 최고 의사결정권자인 선종구 전 하이마트 회장이 경영권 분쟁에 돌입 하자, 주가가 폭락하며 투자금 회수도 요원해졌다. H&Q는 결국 양쪽을 오가며 중재에 나섰고, 3개월 만에 모두의 지분을 묶어 롯데그룹에 매각해 투자금 회수에 성공했다.

3호 펀드의 일동제약 투자 건에서는 전형적인 백기사 역할을 해냈다. 2014년 녹십자는 일동제약 지분을 기존 15%에서 29%로 늘려 기습 공시를 했다. 이에 일동제약이 계획했던 지주사 전환에 제동이 걸렸다. 일동제약은 해당 지분을 살 만큼의 돈은 없었고, 녹십자는 적당한 가격이라면 주식을 팔 의향이 있었다. 결국 백기사로 나선 H&Q가 2015년 녹십자가 보유한 일동제약 지분 20%를 약 950억 원에 인수했다. H&Q 덕분에 일동제약은 미뤄뒀던 분할과 지주사 전환에 성공했다. 오너 일가의 승계 문제도 해결해 준 것은 덤이다. 이후 H&Q가 보유한 일동제약 지분은 지주사인 일동홀딩스와 일동제약 지분으로 나뉘었다. H&Q는 2019년 일동제약 지분은 일동홀딩스에 매도하기 시작했고, 2022년 일동홀딩스 지분도 장내 매도해 투자금 회수에 성공했다. 이 거래로 H&Q는 원금의 2배 이상을 회수한 것으로 전해진다.

가장 최근 건은 2023년 말 H&Q이 현대그룹을 도운 투자다. H&Q는 현대엘리베이터 모회사 현대홀딩스컴퍼니에 3,100억 원을 투자했는데, 2대 주주인 쉰들러와 경영권 분쟁을 벌이던 현정은 현대그룹 회장을 돕기 위함이었다. 현 회장은 2대 주주인 쉰들러 측이 제기한 주주 대표 소송에서 패소해 대규모 배상금을 마련하지 못하면 경영권을 뺏길 위기에 처해 있었지만, H&Q가 구원투수로 나서면서 가까스로 경영권 방어에 성공하게 됐다.

사모펀드가 우호 지분으로 나서는 사례 외에도 재벌 그룹과 사모펀드끼리 매물을 주고받는 경우도 있다. 주고받는다는 표현이 부정적으로 들릴 순 있으나, 사모펀드의 경우 기업이 아무리 우량해도 펀드 만기라는 태생적 한계가 있다. 기업의 경우 그룹의 대의를 위해 우량 자산이라도 팔아야 하는 경우가 생긴다. 2024년에는 한앤컴퍼니가 한온시스템을 한국타이어앤테크놀로지에, SK그룹이 SK렌터카를 어피너티에쿼티파트너스에 매각한 사례가 대표적이다.

　　재벌 그룹이 특정 자산을 인수하는 데 사모펀드가 소수 지분을 투자해 자금을 지원하는 방식도 있다. 정통 바이아웃 펀드 하우스보다는 메자닌 하우스에서 주로 활용하는 방식이다. 재벌 그룹 입장에서는 모자란 돈을 보충할 수 있고, 사모펀드 입장에서는 경영권 인수보다는 위험이 덜하지만, 투자 수익을 노릴 수 있다. 무엇보다 재벌 기업과의 거래를 통해 한번 물꼬를 터놓으면, 재벌 그룹사가 보유한 알짜 계열사가 매물로 나올 때 다른 사모펀드에 비해 유리한 고지를 점할 수 있다.

　　물론 둘 사이가 늘 평화로웠던 것만은 아니다. 2006년 일어난 샘표식품 경영권 분쟁 사태가 그 사례다. 당시 우리투자금융(현 NH투자증권)의 사모펀드 마르스 1호가 샘표식품 지분 24.1%를 취득하며 적대적 M&A를 선언한 것이다. 토종 사모펀드가 처음 한국 기업의 경영권을 노린 사례로 기록된다. 양측은 매년 사외이사 선임 등의 안건을 놓고 무려 6년이나 주총에서 '표 대결'을 벌였다. 그러나 매번 박진선 샘표식품 사장 측이 이겼고, 우리투자증권은 2012년 보유 지분을 전부 매각했다. 이후 기업과 사모펀드는 서로를 일종의 '동반자'로 여기며 20년 가까운 평화 분위기가 지속됐다. 행동주의 펀드로 대표되는 곳들이 종종 재벌 기업을 공격했으나, 토종 바이아웃 펀드는 재벌과 윈-윈 전략을 추구했다.

이젠 갈라서자… 새 역사 쓸 '뻔'한 MBK파트너스

평화로운 밀월 관계에 균열을 낸 건 국내 대표 사모펀드 중 하나인 MBK파트너스였다. 운용 자산만 40조 원이 넘는 MBK는 2023년 말 뜻밖의 행보를 보였는데, 한국타이어그룹 지주사인 한국앤컴퍼니 지분을 확보하기 위한 공개매수를 시도한 것이다. 표면적으로는 조현범 한국앤컴퍼니 회장의 일가족인 장남 조현식 고문과 차녀 조희원 씨의 백기사로 MBK가 참전한 것으로 보이지만, 이사 선임과 매각 등의 권한을 모두 MBK가 확보하면서 사실상 경영권을 확보하기 위한 밑그림이었다. 조현범 회장이 계열사 부당 지원 혐의 등으로 구속 기소되는 등 혼란을 겪자 이

틈을 파고든 것으로 보인다.

공개매수란 특정 기업의 경영권을 인수하거나, 강화하려는 쪽이 매수 기간과 가격, 수량 등을 공개적으로 제시하고 특정되지 않은 다수의 주주로부터 주식, 신주인수권증서, 전환사채 등을 매수해 지분을 확보하는 방법을 말한다. 이러한 공개매수는 상대 기업의 의사와 관계없이 진행되기 때문에 대주주 이상의 지분을 확보해서 강제로 경영권을 탈취하는 '적대적 M&A'에 주로 사용되는 방법이다. 인수자 측에서는 대량의 주식을 일시에 매수해서 기존 대주주와 지분 경쟁에서 우위를 점해야 하기에 공개매수가 가장 효율적인 방법이다.

MBK는 기업 지배구조 개선을 명분으로 내세우며 전문 경영인 체제를 도입해 한국앤컴퍼니 기업 가치를 제고하겠다는 의지를 드러냈다. 이를 위한 MBK의 구상은 공개매수를 통해 한국앤컴퍼니 지분을 최소 20.35% 확보하는 것이었다. 조 고문(18.93%)과 희원 씨(10.61%)의 지분을 합치면 조현범 회장이 가진 지분 43.03%를 넘길 뿐만 아니라 50%에 가까운 지분을 확보할 수 있기 때문이다. 합산 지분이 50%를 넘어야 이사의 선임을 담보할 수 있고, 경영권 확보가 가능하다.

결과적으로 MBK의 공개매수는 실패로 돌아갔는데, 공개매수에 응한 지분은 8.83%로 목표 수량의 절반에도 미치지 못했다. '집안 싸움'에서 한쪽 편을 드는 모양새가 돼 도덕적 당위성을 확보하지 못했을 뿐만 아니라, 공개매수 가격도 개인 투자자를 움직이기엔 부족했던 것으로 보인다. 평소 종목토론방 분위기만 보면, MBK파트너스가 승기를 잡을 것처럼 보이기도 했다. 기업 오너를 비판하기 바빴던 소액 주주들이었지만, 난데없이 나타난 사모펀드에는 더 엄격한 잣대를 들이댔다.

MBK파트너스는 공개매수가로 주당 2만 원을 제시했다. 직전 거래일보다 20% 가까이 높은 가격이었지만, 직후 한국앤컴퍼니 주가가 2만 원을 넘어 계속 오르며 부담이 커졌다. 이후 조양래 한국타이어 명예회장이 조 회장 측 우군으로 등판해 '경영권 방어'를 끝냈다는 선언이 나오면서 주가가 급락했다. MBK파트너스는 공개매수가를 2만 4,000원으로 올려 반격에 나섰지만, 주주들의 마음을 돌리지 못했다. 평소 완벽을 추구하는 MBK답지 않은 모습이었다. MBK가 생각보다 쉽게 물러나면서, 투자은행ᴵᴮ 업계에선 MBK가 앞으로 저평가된 재벌 기업 경영권 인수에 본격적으로 뛰어들기 전에 시장 반응을 살펴보려 시험 삼아 해 본 것이란 의견이 나오기도 했다.

절치부심 MBK, 고려아연 최대 주주로

　MBK는 2024년 추석 연휴 직전 깜짝 소식을 전했는데, 영풍으로부터 고려아연 지분을 넘겨받아 이 회사 최대 주주가 된다는 주주 간 계약을 맺었다는 것이다. 이튿날 아침엔 MBK와 영풍이 고려아연 주식 최대 2조 원어치를 공개매수하겠다고도 밝혔다. 한국앤컴퍼니 실패로 경험을 쌓은 MBK가 절치부심해 다시 한번 재벌 기업의 경영권 인수에 뛰어든 것이다.

　사건을 이해하려면 고려아연이란 기업의 스토리부터 파악해야 한다. 고려아연은 두 가문이 75년간 동업해 키운 회사로, 고故

그림 1. 고려아연 지분 구성

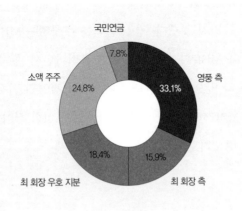

최기호·장병희 창업주가 1949년 세운 영풍이 출발점이 됐고, 이후 고려아연이 설립됐다. 고려아연은 비철금속 제련 기업으로 영풍그룹의 핵심 계열사다. 크게 보면 장씨 일가가 영풍을, 최씨 일가는 고려아연을 경영해 왔는데, 두 회사 지분을 두 가문이 나눠 가지면서 75년간 한 지붕 두 가족 체제를 이어왔다.

영풍그룹 지배구조 꼭대기엔 장씨 일가가 있지만, 실적은 고려아연을 포함한 최씨 일가가 맡은 쪽에서 주로 나온다. 영풍그룹 계열사 중 지난해 적자를 낸 상장사 3곳(영풍, 코리아써키트, 시그네틱스)은 모두 장씨 일가가 맡은 곳이다. 쉽게 말해 돈은 최씨가 맡은 쪽이 버는데, 지배는 장씨가 하고 있던 셈이다. 창업주 최기호의 3세 최윤범 고려아연 회장이 취임과 함께 계열 분리를 통해 동업 관계 청산을 고민한 배경이다. 업계에서 추산하는 고려아연 지분은 장형진 영풍 고문 일가 측이 33.13%, 최 회장 측이 33.26%다. 어느 한쪽이 지분을 더 사서 우위에 서려면 막대한 현금이 필요했는데, MBK는 이 부분을 노린 것이다.

한국앤컴퍼니 경영권 인수 시도 이후 와신상담한 MBK는 치밀한 계획을 세웠다. MBK는 공개매수 발표 당일 고려아연이 자사주를 매입하지 못하도록 법원에 주식처분 금지 가처분 신청을 냈는데, 최 회장 측이 회삿돈이나 우호 세력 등을 통해 주식을 취득하는 방식으로 공개매수를 방해하지 못하도록 조치한 셈이다. 공개매수 기한을 최대한 줄인 점도 눈에 띈다. 공개매수는 공고일에서 3일이 경과한 날부터 20일 이상 60일 이내의 기간까지 가능한데, MBK는 추석 연휴를 앞둔 9월 13일 공개매수를 발표해 10월 4일을 종료 시점으로 잡았다. 연휴와 10월 초 임시공휴일·국군의날·한글날 연휴를 제외하면 실제 증시 개장일은 10영업일밖에 되지 않았다. 증시 개장일 수가 적으면 주가 변동성도 줄어들어 공개매수 성공 확률이 높아지지만, 주가가 공개매수가를 넘어 버리면 공개매수에 실패하기 때문이다. 또 일부러 최 회장 측이 외부 전문가들과 방어 전략을 세우지 못하도록 이 시기를 골랐다는 분석도 있다. 자문해 줄 만한 대형 로펌과 컨설팅 회사, 투자은행들은 모두 추석 연휴에는 공식적으로 휴업하기 때문이다.

최 회장 측이 대항 공개매수에 나서며 아직 양측의 공방전이 진행 중이지만, MBK파트너스의 시도 이후 재계와 금융권에서는 'MBK 쇼크'라는 표현이 회자됐다. 영원한 우군일 것이라고 생각했던 사모펀드가 재벌가에게 등을 돌린 셈이기 때문인데, 사모펀드가 이제 이익을 위해 재벌과 척지는 것을 주저하지 않을 것이란 신호로 읽히기도 했다. 3~4세까지 승계를 거친 탓에 재벌 오너들은 기업을 장악하기 위한 지분이 쪼그라든 상황이다. 그동안은 여러 인수합병과 순환출자 등으로 적은 지분으로도 기업을 장악했지만, 금융 시장이 선진화하고 시장 참여자들의 눈높이가 높아질수록 이러한 행태는 지속하기 어려워졌다. 이제는 상속을 위해 특별한 이유 없이 주가를 눌러두는 것도 적대적 M&A의 이유가 되는 시대가 온 것이다.

MBK의 과감한 행보도 이와 맞닿아 있다는 평가다. 국내 증시에 투자하는 개인 투자자 수는 현재 약 1,500만 명에 육박한다. 동학개미뿐만 아니라, 최근 2~3년 사이엔 행동주의 펀드의 활약이 두드러졌다. SM엔터테인먼트 이수만 창업주의 부당한 경영 활동을 비판했던 얼라인파트너스, KT&G에 주주환원 확대와 CEO 교체를 요구한 플래시라이트캐피탈 등이 대표적이다. 과거에는 소액 주주가 피해를 보더라도 진행됐던 기업 간 인수합병들도 제동이 걸리기 시작했다. 2024년 8월엔 두산그룹이 두산로보틱스와 두산밥캣을 합병하려다 금융감독원이 전면에 나서자, 한발 물러서기도 했다.

업계 1세대가 전한다
"사모펀드, 기업 가치 제고 위한 징검다리"
_임유철 제8대 PEF운용사 협의회 회장사
H&Q코리아 공동대표 인터뷰

국내 사모펀드PEF 산업이 태동한 지 20년이 흘렀습니다. 사모펀드 시장이 처음 문을 열던 시점부터 오늘날까지 업계 성장을 함께 이끈 인물인 임유철 H&Q코리아 공동대표를 만났습니다. 업계 1세대로 꼽히는 임 대표는 서울대 국제경제학과를 졸업한 뒤 하버드 케네디스쿨에서 석사학위를 받고 사모펀드 업계에 뛰어들어 23년간 활동했습니다. 이직이 잦은 투자은행 업계에서 그는 보기 드문 '원클럽맨'이죠. 20년 넘게 지금의 직장인 H&Q코리아 한 곳에만 몸담았습니다. 제8대 PEF운용사 협의회 회장을 맡은 그에게 그간의 소회와 변화, 앞으로 나아가야 할 방향 등에 대해 물었습니다.

올해 자본시장법 개정으로 사모펀드 제도가 도입된 지 20년이 됐습니다. 그간의 역사를 짧게 짚어주실 수 있나요?

💬 우리나라 사모펀드 역사는 1997년 IMF 위기로 거슬러 올라갑니다. 당

시 많은 국내 기업이 무너지면서 외국계 사모펀드들이 한국에 진출했어요. 외환은행을 인수한 론스타가 대표적입니다. 제가 몸담았던 H&Q아시아퍼시픽도 쌍용증권(현 신한투자증권)을 인수하면서 국내에 상륙했습니다. 이런 세태를 지켜본 정부도 팔을 걷어붙였습니다. 2004년 간접투자자산운용업법에 근거 조항이 마련되고 그해 12월 1호 사모펀드가 등장했습니다. 당시 재정경제부 이헌재 장관, 김석동 금융정책국장의 지시를 받아 실무를 총괄한 주역이 최상목 경제부총리(당시 증권제도과장)입니다. 당시 대형 운용사로는 칼라일에서 떨어져 나온 MBK파트너스, 국민연금이 처음으로 출자해 준 H&Q코리아, 신한금융지주 자회사 신한프라이빗에쿼티, 은행 LP 위주의 보고 펀드가 대표적입니다. 이후 IMM과 스틱, 스카이레이크 등이 뒤따라 나왔습니다.

20년 전과 지금 사모펀드 업계의 가장 큰 변화가 있다면 무엇일까요?

💬 사모펀드도 하나의 금융산업인 만큼, 초창기엔 금융사나 금융지주들의 관심이 많았습니다. 대부분의 증권사가 사모펀드 사업부를 따로 만들 정도였으니까요. 하지만 점차 독립계 운용사 위주로 시장이 재편됐습니다. 또 당시엔 블라인드 펀드 출자가 일반적이지 않았습니다. LP들이 운용사들의 내공에 대한 믿음이 없었기 때문이죠. 지금은 트렉 레코드가 충분히 쌓인 만큼, 블라인드 펀드도 점차 커지는 추세입니다. 설립 초기 당시 단순 구조화 위주의 거래에서 과감한 바이아웃까지 아우르는 등 점차 선진국의 흐름을 따라가고 있어요. 무엇보다 LP들의 시장에 대한 이해도가 매우 높아졌습니다. 감독 당국도 업계를 하나의 산업군으로 인정하는 분위기입니다. 일반 기업들 역시 사모펀드를 파트너로 인식하고 있죠.

업계 덩치는 점점 커지고 있습니다. 나아가야 할 바람직한 방향이 있을까요?

💬 사모펀드는 기업 가치 개선을 위해 에쿼티 투자를 단행합니다. 그렇기 때문에 실질적인 기업 가치를 얼마나 끌어올릴 수 있는지가 가장 중요합니다. 그래야 '돈 넣고 돈 먹기'란 비판에서 벗어날 수 있죠. 재무적인 부분뿐만 아니라 임직원들의 동기부여도 챙겨야 합니다. 거버넌스 문제도 중요합니다. 거버넌스만 바뀌어도 회사 가치는 올라갈 수 있습니다. 거버넌스 변화라는 것이 투자자가 들어가서 기업을 흔들라는 의미가 아닙니다. 이사회가 주주와 임직원을 위해 제대로 운영되는 것이 중요하죠.

정부의 밸류업 추진으로 사모펀드의 역할이 더 커질 듯합니다. 적대적 M&A 외에 기업과 사모펀드가 상생하는 방안이 없을까요?

💬 국내 시장에서 적대적 M&A를 통한 밸류업은 극히 일부 사례입니다. 국내 사모펀드들은 사실 이런 전략을 구사하기 어렵습니다. 국민 정서적인 부분은 물론, 임직원과의 갈등 등 고려해야 할 부분이 많으니까요. 최대 주주가 해결하기 어려운 점을 사모펀드가 해결하면서 윈-윈 하는 방식도 충분히 가능하다고 봅니다. 그만큼 시장도 성숙했습니다. 국내 대기업 역시 상생을 통한 기업 가치 개선 방향을 고려할 겁니다.

여전히 사모펀드에 대한 부정 어린 시선이 남아 있습니다.

💬 대표적인 비판이 너무 단기적으로 보는 것 아니냐고 하는데 억울한 측면이 있습니다. 사실 금융시장에서 사모펀드만큼 장기적으로 바라보는 곳이 없으니까요. 주식이나 채권 운용은 짧게는 반년에서 길게는 3년 수준이

지만, 사모펀드는 블라인드 펀드 만기가 10년 수준입니다. 최소 투자 기간이 짧아야 3년이고, 길게는 10년까지도 갑니다. 오너 기업이나 SI가 20년 이상 일구는 것과는 다르겠지만, 무조건 장기로 본다고 투자한 기업의 가치가 올라가고 효율적인 것은 아닙니다. 무엇보다 사모펀드는 기업 가치 개선을 통해 수익률을 올리는 게 최우선이죠. LP들은 단순 개인이 아니라, 연기금이나 공제회 등 공적 성격의 자금이 많습니다. LP 수익률 제고가 모두에게 이익이 된다고 생각하면 좋겠습니다. 결국 우리는 투자 후 회수해야 하므로 회사 기업 가치 제고를 위한 징검다리 같은 존재입니다. 이들이 사모펀드와 손잡길 잘했다는 생각이 드는 사례를 많이 만들면, 부정적 인식도 개선될 것이라고 봅니다.

글로벌 경쟁도 치열해지고 있습니다. 해외 시장에서 한국 사모펀드가 경쟁력을 갖추려면 어떻게 해야 할까요?

💬 글로벌 시장은 두 개로 나눠 봐야 합니다. 국내로 진입하는 외국계 사모펀드와의 경쟁, 국내 사모펀드가 외국으로 진출하는 경우죠. 사실 후자의 경우 해당 국가에 이미 자리 잡은 사모펀드와의 경쟁은 쉽지 않다고 봅니다. 국내 기업이 해외 기업을 인수하거나, 해외 진출을 원할 때 사모펀드가 이를 도와 시너지를 내는 방향이 바람직합니다. 전자의 경우 결국 국내 사모펀드들이 경쟁력을 키워야 합니다. 혹자들은 펀드 규모를 키워야 한다고 말합니다. 이도 맞지만, LP들이 별도의 공동 투자를 통해 사모펀드를 지원 사격해 주는 것이 빠르다고 생각합니다. 국내는 전체적인 시장 규모가 크지 않아 사모펀드들의 블라인드 펀드 크기가 외국계 사모펀드만큼 커지긴 쉽지 않죠. 해외 유수 LP들은 이미 공동 투자를 통해 별도의 수익을 창출하고 있습니다.

중소 운용사가 살아남기 어려운 환경인데요.

💬 시장 상황을 억지로 거스르긴 어렵습니다. 사실 중소 운용사의 생존은 LP들이 해 줘야 할 부분이기도 하죠. 루키 리그라고 해서 중·소형사들을 따로 심사하는 걸 활성화하는 것도 하나의 방법입니다. 잔인하게 들릴 수 있지만, 사실 중·소형사 스스로 경쟁력을 찾아야 합니다. 투자 분야를 특화한다거나, 구성원들이 특별하다거나, 선배들이 했던 걸 답습하기보단 차별화된 전략을 찾을 필요가 있습니다.

이밖에 꼭 전하고 싶은 말이 있으신가요?

💬 20년간 운용사와 LP, 감독 당국 등 많은 사람이 기여한 덕분에 사모펀드 시장이 굉장히 성숙했습니다. 앞으로의 20년도 모든 주체가 상호 협조 아래 함께 커나가길 바랍니다. 투자 대상이 되는 기업들도 더 열린 마음을 가졌으면 합니다.

2장

2024년 기업들이 주목한 M&A 대상

PRIVATE
EQUITY
FUNDS
M&A

군살 빼는 대기업···
리밸런싱에 쏠리는 눈

재계 서열 2위 SK그룹, 리밸런싱 본격화

2024년 가장 많은 관심을 받았던 대기업은 단연 SK그룹이다. 최태원 SK그룹 회장의 개인사에 더해 계열사들의 합종연횡 소식이 연일 지면을 장식했다. 금리 인하기 유동성 호황을 바탕으로 여러 기업을 사들였던 SK그룹은 2024년 들어 노선을 바꾸기 시작했다. '미운털이 박힌 회장님이 운영하는 기업이 위기를 맞아 회사 살림을 이것저것 내다 판다'라는 말이 나올 정도로, 지나가던 사람도 한마디씩 훈수 두기 좋은 이야기였다.

비난에 가까운 대중의 지탄을 받았지만, SK는 삼성에 이어 재계 서열 2위 그룹 자리를 유지하고 있다. 최 회장이 취임한 1998년 기준 SK그룹의 자산 규모는 32조 원 수준에서 지난해 기준 320조 원 이상으로 10배 가까이 늘었다. SK의 첫 출발은 1953년 선경직물이라는 옷감 공장이다. 1960년부터 합성섬유를 만드는 석유화학 분야에 뛰어들었고, 1970년대에 접어들어 건설업도 시작했다. 10년 뒤엔 정유회사를 인수하며 10대 재벌이 됐다. 이후 통신과 반도체, 배터리, 바이오 등 우리가 익히 아는 분야로 사세를 확장했다.

SK그룹은 지난 몇 년간 '중간 지주사'를 두고 계열사를 관리할 정도로 많은 기업을 인수했다. 공정거래위원회에 따르면 2024년 계열사만 219개로 기업들 중 가장 많았다. 재계 1위 삼성(63개)이나 현대차그룹(70개) 등과 비교해도 압도적이다. 수년간 인수합병을 지속한 탓에 SK그룹의 순차입금은 10조 원을 넘어섰고, 비대해진 조직은 여러 부작용을 낳았다. 계열사 내에서 업역이 겹치면서 서로 경쟁하는 상황까지 연출됐다. 급하게 덩치를 키우느라 비싼 값에 다른 기업들을 사들이기도 했다.

결국 SK그룹은 칼을 빼들었고, 먼저 대대적인 임원 세대교체부터 단행했다. 7년여간 그룹을 이끌어 온 '부회장 4인방'이 이선으로 물러나고 최창원 SK디스커버리 부회장이 전면에 등판했다. 그는 2년 동안 SK그룹 최고 협의기구인 SK수펙스추구협의회 의장을 맡기로 했다. 고故 최종건 SK 창업주의 셋째 아들인 최 부회장은 최태원 회장의 사촌 동생으로, 2007년 SK케미칼 대표이사 취임에 이어 2017년 중간 지주회사인 SK디스커버리 대표이사를 맡아 케미칼, 바이오 사업을 이끌고 있다.

SK그룹은 2024년 6월엔 최고경영자CEO가 모인 경영전략회의에서 중복 투자를 개선하고 계열사 수를 관리 가능한 범위로 조정해야 한다는 데 뜻을 모았다. 살릴 곳은 합치고 성장이 꺾인 곳은 팔기로 한 것이다. 최 회장은 회의에서 중복 투자로 인한 손실 등을 언급하며 경영진을 질책한 것으로 알려졌다. 전사적 노력 덕분에 올해 처음으로 SK그룹은 종속회사 숫자가 순감했다. 2024년 초 716개에 달했던 SK그룹의 종속회사 수는 660여 개 수준으로 감소했다.

대형 사모펀드, SK그룹 알짜 계열사 눈독

SK그룹의 리밸런싱을 사실상 'SK온 일병 구하기'로 해석하는 이들도 있다. SK그룹은 이차전지 양극재 생산에 후발주자로 합류한 원죄(?)로 막대한 비용을 감내해야 했다. 생산 능력을 대거 확장하며 돈을 엄청나게 빌렸는데, 때마침 전기차 수요가 꺾이며 흑자 전환이 늦어지고 있는 실정이기 때문이다. 기존 FI에게 투자받은 기업 가치가 너무 높아 상장을 통한 유동성 확보에도 실패했다. 결국 버티면 될 것이란 전망도 확신할 수는 없는 상황이다. 전기차 수요 둔화가 일시적이고 다가올 미래라는 전망도 있지만, 이에 대한 회의적인 시각도 엄연히 존재한다. 그래도 SK그룹은 계열사들을 내다 팔아 SK온을 살려야 한다. 죽게 놔두기엔 너무 많은 돈을 쏟아부었기 때문인데, SK온의 반기 기준 차입금은 19조 원에 달한다.

SK그룹이 살림살이 재편에 나서자, 사모펀드들도 분주하게 움직이기 시작했는데 재무구조 개선이 급한 SK그룹 내 알짜 매물을 받아내기 위해서다. 여러 계열사가 매각 물망에 올랐고, 중간 지주사인 SK네트웍스의 SK렌터카가 신호탄이 됐다. 연이은 투자 실패로 자존심을 구긴 어피너티에쿼티파트너스는 분위기 반전을 위해 8,200억 원을 투입했다. 어피너티는 버거킹과 락앤락 투자 실패로 업계에 한국 투자 철수설까지 돌았으나, 이번 거래로 건재함을 과시했다. 일각에선 어피너티가 과도한 금액을 집행했다는 이야기도 나왔으나, 어피너티 외에 SK렌터카 입찰에 참여한 다른 사모펀드들도 유사한 금액을 써낸 것으로 전해진다.

이밖에 알짜 매물로 꼽히는 특수가스 세계 1위 업체 SK스페셜티 매각도 추진 중이다. 몸값이 4조 원에 달하는 만큼 굳이 매각 주관사를 선정하지 않고, 유력 인수 후보들과 물밑으로 협상을 진행했다. 이후 드라이파우더(사모펀드가 투자자로부터 모은 투자금 중 투자 집행이 이뤄지지 않은 자금을 말한다)가 충분한 사모펀드들 위주로 인수의향서를 접수받았고, 한앤컴퍼니와 MBK파트너스, 브룩필드자산운용, KKR 등이 예비입찰에 참여한 것으로 알려졌다. SK스페셜티의 전신은 특수가스 세계 1위 업체인 OCI머티리얼즈로 반도체, 디스플레이, 태양전지를 제조할 때 필요한 소재인 특수가스를 생산한다. SK㈜가 2015년 OCI가 보유한 코스닥시장 상장사 OCI머티리얼즈 경영권 지분 49% 전량을 4,816억 원에 사들여 SK머티리얼즈로 사명을 바꾼 뒤 SK하이닉스 등 그룹 계열사의 공급량을 늘리며 몸집을 키웠다. 알짜 계열사지만, 매각할 경우 SK는 부채 12조 원을 단번에 줄일 수 있게 된다.

실탄 두둑한 대형 사모펀드, 매물 가격 끌어올려

SK그룹이 리밸런싱을 선언하던 당시의 기대와 달리 사모펀드들이 SK 계열사를 헐값에 인수하긴 어려울 것이란 전망이 지배적인데, 팔릴 만한 기업은 사모펀드 간 경쟁도 격화하고 있기 때문이다. 매물은 적은데 인수 희망자가 몰리면, 당연히 가격도 함께 따라 오를 수밖에 없다. 특히 고금리 장기화로 인한 출자 시장 양극화로 대형 사모펀드들은 오히려 실탄이 두둑한 상황이다.

효성화학 특수가스와 에코비트도 대형 사모펀드들이 입찰에 대거 참여하면서 시장 예상보다 높은 값에 거래가 성사됐다. 두 회사는 IMM프라이빗에쿼티-스틱인베스트먼트 컨소시엄과 IMM프라이빗에쿼티-IMM인베스트먼트 컨소시엄이 가져갔는데, 각각 기업 가치 1조 2,000억 원, 2조 7,000억 원으로 평가됐다. 대형 사모펀드들의 자금력이 충분하다는 방증이다. 혹자들은 "IMM과 스틱이 가격을 너무 올려놨다"라고 볼멘소리를 하기도 했다.

그간 SK와 좋은 관계를 다져왔거나, 일종의 빚을 지운 사모펀드들은 기대감을 갖고 있을 것으로 보인다. 카브아웃(사업부 매각) 강자로 불리는 글랜우드프라이빗에쿼티는 지난해 SKC와의 비공개 협상을 통해 SK피유코어 인수자로 낙점됐고, 올해(2024년) 초 딜을 마무리했다. SK케미칼의 제약사업부 인수도 눈앞에 됐으나, 돌연 SK 측이 매각을 취소했다. 제약사업부가 재차 매물로 나온다면, 글랜우드프라이빗에쿼티와 가장 먼저 협상에 나설지도 모를 일이다.

군살 빼기 나선 카카오, 계열사 정리 '속도'

신흥 IT 재벌 군에서는 카카오가 대대적인 계열사 정리에 나섰다. 카카오는 전 계열사의 주가 하락과 더불어, 김범수 카카오 경영쇄신위원장이 사법 리스크에 노출되면서 전면적인 혁신이 불가피해졌다. 카카오 계열사들이 동종 업계 유사 기업에 비해 기업 가치가 높았던 이유는 '카카오'라는 성이 견고한 덕분이었는데, 그 성이 흔들리면서 계열사들의 기업 가치도 위협받고 있다.

카카오가 거느린 계열사는 2024년 4월 기준 128개로 대기업 중 두 번째로 많았다. 앞서 언급한 SK와 달리 카카오는 'B2C' 사업을 주로 영위하는데, 사세 확장을 위한 M&A도 B2C 기업 위주로 하다 보니 자연스레 '대기업의 골목상권 침해'라는 비판에 직면했다.

카카오 입장에서는 다소 억울한 면도 있다. 카카오가 공격적인 인수 전략을 펴기 전까지만 해도, 대중들은 벤처기업을 인수하지 않는 대기업에 돌을 던지곤 했다. 지금 생각해 보면 의아하지만, 당시엔 대기업이 작은 기업과 유사한 서비스를 내놓으면 "미국은 대기업이 작은 기업을 사서 품어 준다"라며 대기업을 비판했다. 이런 비판을 의식한 카카오는 직접 사업을 하기보다 관심 있는 분야의 작은 기업들을 인수해 사업을 전개했는데, 오히려 역풍을 맞고 있다.

카카오는 올해만 15개의 계열사를 정리했다. 골목상권 침해 논란을 불렀던 헤어숍이나 골프용품 사업뿐만 아니라 헬스케어 플랫폼 사업, NFT(대체불가토큰) 사업도 철수했다. 카카오 측은 공식 부인하고 있으나, 업계에서는 여러 기업이 매물로 거론되고 있다. 잠재 매물로 한 차례 거론된 곳들로는 카카오모빌리티와 카카오페이, 카카오VX, 카카오게임즈, SM엔터테인먼트, 카카오페이, 카카오엔터테인먼트 등이다.

카카오 계열사, 사모펀드가 보기엔 너무 작아

다만 카카오 계열사의 경우 SK 계열사보다는 사모펀드들의 관심도가 낮은 편이다. 사모펀드가 보기에 기업 규모가 크지 않은 기업들이 많고, 경영권 인수의 경우 소형 사모펀드라도 최소 500억 원 이상의 딜을 보기 때문이다. VC인 뮤렉스파트너스의 카카오VX 인수 시도처럼 VC가 바이아웃 펀드에 진출하면서 카카오 계열사의 인수를 시도하려는 경우는 있다. 카카오와 동일 시장에서 경쟁 중인 SI도 동향을 주시하고 있다. 카카오가 흔들린 틈을 타 싼값에 계열사를 인수하면, 해당 시장에서 독과점 효과를 누릴 수 있기 때문이다.

카카오는 여러모로 마음이 급하다. 여러 계열사가 FI의 투자금을 받았기 때문이다. FI들은 대개 투자하면서 회수를 위한 장치를 마련하는데, 일정 기간 안에 상장해야 한다는 제한을 거는 경우도 있다. 카카오모빌리티가 대표적이다. 모빌리티 플랫폼 '카카오T' 운영사인 카카오모빌리티가 대표적인데, 사세를 확장하는 과정에서 TPG와 칼라일로부터 각각 6,400억 원, 2,200억 원을 투자받았다. 카카오엔터테인먼트도 PIF와 GIC, 앵커 사모펀드로부터 1조 5,000억 원에 달하는 수혈을 받았다. 이밖에 카카오뱅크와 카카오재팬, 카카오VX도 FI의 입김에서 자유롭지 못하다.

06

커진 구조조정 시장, 알짜 기업 잡아라

2020년 두산그룹은 주력 계열사였던 두산중공업이 경영난에 빠지면서 고강도 구조조정에 돌입했다. 두산중공업이 주력사업으로 내세웠던 발전 사업이 실적 둔화에 시달리면서 자금이 빠르게 말라붙었다.

게다가 2019년 두산중공업 자회사로 편입된 두산건설의 경영 위기도 두산중공업의 추락에 일조하는 요소였다. 당시 두산건설은 지금도 두산그룹 내에서 '흑역사'로 남아 있는 '일산 위브더제니스' 대규모 미분양 사태 여파에 휘말리면서 재무 사정이 크게 악화했다. 금융 비용과 할인분양으로 대규모 추가 비용이 발생한 여파로, 코스피에서 23년 만에 상장폐지를 결단할 정도였다.

악재가 겹치면서 두산중공업으로서도 버텨낼 재간이 없었다. 주력 계열사의 위기를 그룹으로서도 가만두고 볼 수 없었지만, 계열사 지원 여력에는 한계가 보였다. 끝내 두산그룹은 산업은행, 수출입은행 등 국책은행에 3조 원의 자금 지원을 받는 대가로 고강도 재무구조 개선에 돌입했다.

채권단의 요구는 비핵심 자산과 비주력 계열사를 정리해 현금을 확보하고 재무구조를 개선하는 것이었다. 결국 두산그룹은 공들여 키웠던 두산인프라코어와 두산솔루스를 매각하고 그룹의 상징과도 같았던 서울 중구 소재 두산타워마저 팔았다. 강도 높은 자산 매각을 통해 두산그룹은 3조 원이 넘는 현금을 쥔 것으로 추산된다.

두산그룹은 주요 사업과 자산을 매각하는 뼈를 깎는 구조조정을 감내했고, 결국 2년이 채 넘기지 않고 채권단 관리 체제를 졸업했다. 이 과정에서 굵직한 M&A 거래가 여러 차례 벌어졌다. 현대중공업그룹이 2021년 두산인프라코어 경영권을 약 8,500억 원에 인수했다. 두산솔루스는 스카이레이크인베스트먼트에 팔렸는데, 약 7,000억 원 규모였다. 두산솔루스는 두산이란 간판을 버리고 솔루스첨단소재로 간판을 바꿔 달았다.

이제 두산은 '매물을 내놓는 그룹'에서 '매물을 사는 그룹'으로 돌아왔다. 현재는 활발하게 신규 M&A를 타진하며 과거 M&A

시장에서의 네임밸류를 되찾고 있다. 두산그룹이 빠르게 경영 위기를 극복한 데에는 과감한 자산 매각 결정이 있었고, 필요하다면 그룹의 미래 먹거리와 상징적인 사업마저 쳐냈다.

국내 시장 딜 어드바이저리 분야에서 잔뼈가 굵은 베테랑 투자은행 관계자는 "남 주기 아까운 자식이어야 시장에서도 어필할 수 있다"라고 말했다. 두산그룹은 매력적인 자산을 내놨고 신속하게 거액의 현금을 확보하면서 당시 팔려나간 사업과 자산은 새로운 주인을 만나 새로운 성장 스토리를 써 내려가고 있다. 구조조정과 M&A는 뗄 수 없는 관계이며, 구조조정 성패를 좌우하는 중대한 경영 의사결정이다.

2024년, 구조조정 발 '빅딜'로 분주한 M&A 시장

2024년에도 구조조정 시장은 시끄럽다. 예년보다 더 떠들썩한 모습이다. 경영 위기에 봉착하며 경영권을 내놓은 기업들이 부쩍 늘었는데, 그중에는 대중에게 인지도가 높은 기업들이 줄줄이 자산을 내놓거나 계열사 경영권을 내놓으면서 세간의 이목을 끌었다. 실적 악화, 거시경제 변동에 따른 부실, 모회사 경영난, 오너 리스크 등이 M&A 추진 이유다. 경영난에 빠진 기업을 전략적으로 투자해 경영을 정상화하고 차익을 거두는 사모펀드들도 바삐 움직이고 있다.

유수 기업들이 애지중지 아끼던 자산을 내놓거나 경영권 매물로 파는 상황은 어느 정도 예견됐다. 상당 기간 이어졌던 저금리 국면이 고금리 국면으로 전환됐고, 기업들은 과거처럼 외부에서 투자유치나 대출을 통해 유동성을 확보하기 어려워졌다. 부동산 프로젝트파이낸싱PF 부실 여파로 대규모 부채에 내몰린 건설 업계가 위기에 빠질 것이란 예측도 서서히 현실이 되는 추세다.

위기 속 매물 출회가 이어지자 사모펀드들도 손익 계산에 분주하다. 이유를 막론하고 자의가 아닌 타의에 의해 매각을 추진하는 기업은 높은 밸류에이션을 고집하기 어려울 가능성이 크다. 매수인 입장에서도 타깃 기업의 밸류에이션이 저렴하다고 혹할 수는 없는데, 쉽게 해결하기 힘든 문제가 숨어 있을 가능성이 크기 때문이다. '싼 게 비지떡'이란 말처럼 저렴하게 매입했지만 끝내 기업 가치를 회복하지 못할 수도 있다.

흙 속에서 진주는 나오는 법, 구조조정 여파로 나온 매물 중에는 내로라하는 대형 사모펀드가 달려드는 곳들도 있다. 평소 눈여겨봤지만 매각 가능성이 없었던 알짜 매물을 합리적 조건에 매입할 수 있는 기회이기도 하다. 2024년 연말이면 시장에 나온 M&A 매물 상당수는 새 주인을 찾을 것으로 보이지만, 일부 매물은 끝내 새 주인을 찾지 못해 청산의 길을 걸을 수도 있다.

2023~2024년에는 유명 중견그룹이 M&A 시장 헤드라인을 장식했다. 지난해부터 경영난이 수면 위로 드러난 대유위니아그룹과 2024년 부동산 PF 등의 여파로 채권단 관리에 들어간 태영건설이 거론된다.

태영그룹은 채권단 요구에 부응하기 위해 알짜 자산을 정리 중이다. 이 가운데 핵심 자산은 2조 원대 기업 가치로 평가되는 에코비트인데, 태영건설이 글로벌 사모펀드 KKR과 50%씩 지분을 나눠 갖고 있는 종합 폐기물 처리 업체다. 태영건설은 에코비트 매각을 통해 워크아웃 조기 졸업을 노리고 있다.

에코비트 인수전에는 국내외 대형 사모펀드들이 달려들었다. 투자은행 업계에서는 칼라일, 거캐피탈, IMM프라이빗에쿼티-IMM인베스트먼트 컨소시엄 등이 본입찰에 참여한 것으로 거론된다. 거캐피탈은 싱가포르의 케펠인프라스트럭처트러스트와 컨소시엄을 맺었지만 결별했다.

쟁쟁한 사모펀드들이 맞붙은 결과, 에코비트 인수전의 최종 승자는 IMM 컨소시엄으로 기울었고, 2조 7,000억 원에 에코비트 지분 100%를 매입하는 본계약을 체결했다. 이는 2024년 주요 M&A로 기록될 전망이다.

2023년 위기가 불거진 대유위니아그룹 관련 M&A는 2024년에도 현재진행형이다. 대유위니아그룹은 가전, 자동차 부품 등 사업을 전방위적으로 전개했으나, 그간 누적됐던 손실, 실적이 부진한 계열사를 다른 계열사들이 지원해 주는 등 '돌려막기'가 결국 탈이 난 것으로 분석된다.

특히 2018년 그룹이 동부그룹으로부터 야심 차게 인수한 위니아전자(당시 동부대우전자)가 그룹 위기의 발단으로 지목된다. 과거 '대우전자'의 명성에도 불구하고 위니아전자는 쉽사리 활로를 찾지 못했기 때문이다. 결과적으로 대유위니아그룹에는 '승자의 저주'가 된 셈이다.

대유위니아그룹은 산산조각 나는 수순이다. 각 계열사도 그룹의 품을 벗어나고 있으며, 새 주인을 찾지 못할 경우 일부 계열사는 청산에 이를 수 있다. 임금과 퇴직금 체불 이슈로 오너가 구속되는 등 그룹을 진두지휘할 구심점도 사실상 사라진 상태다. 위니아에이드와 위니아 등 주력 계열사들도 새 주인을 찾고 있지만 쉽사리 결론에 이르지 못하고 있다.

효성 계열사인 효성화학은 특수가스 사업부를 카브아웃 형태로 내놨다. 앞선 사례처럼 중대한 경영난에 빠진 건 아니지만 효성화학도 과중한 부채비율이 문제로 지적되고 있다. 채권단의 감시 속에 효성화학은 재무 건전성을 끌어올리고자 특수가스 사업부를 따로 떼어내 매각하고 있다.

효성화학의 부채비율은 2023년 말 기준 4,934%에서 2024년 6월 기준 17만 6,703%로 치솟았는데, 특수가스 사업부 매각으로 열악했던 재무 사정이 일시 개선될 전망이다. 현재 유력한 매수인은 IMM프라이빗에쿼티-스틱인베스트먼트 컨소시엄인데, 컨소시엄은 사업부 지분 100%를 약 1조 2,000억 원에 매입할 것으로 예상한다.

이커머스 플랫폼으로 유명한 11번가도 매각 대상에 올라 있는데, 과거 SK그룹이 애지중지 키웠던 사업이다. 2023년부터 경영권 매각 얘기가 솔솔 나오기 시작하더니 연말 SK그룹 발 '콜옵션 포기' 사태가 발생했다. 11번가에 5,000억 원을 베팅했던 FI들이 발칵 뒤집혔다.

FI는 국민연금·H&Q코리아파트너스·MG새마을금고로 '나일홀딩스컨소시엄'이란 특수목적법인을 통해 회사 지분 일부를 보유 중이다. SK그룹이 11번가 콜옵션을 포기하자 나일홀딩스컨소시엄은 드래그얼롱(동반매각청구권)을 발동, 11번가 경영권을 SK그룹 대신 팔기로 결정됐다.

2024년 1월 본격화된 11번가 매각은 아직 결론을 내지 못했다. 다수 원매자가 관심을 보였고, 특히 신선 배송 플랫폼인 오아시스마켓이 유력 인수자로 부상했다. 다만 큐텐그룹 발 대규모

미정산 사태가 번지면서 11번가 매각 역시 사실상 중단된 모양새다. 오아시스마켓의 인수 시도가 계속될지는 미지수로, 2024년을 넘겨 2025년에도 매각 작업이 이어질 가능성이 커졌다.

콘텐츠 기업으로 유명한 초록뱀미디어도 새 주인을 찾았다. 회사 자체 위기가 아닌 오너 리스크가 대두되면서 올해 초부터 경영권 매각이 시작됐고, 2024년 8월 큐캐피탈파트너스가 인수 본계약을 체결했다. 큐캐피탈의 자금력이 풍부하다는 점을 감안하면 이번 딜은 큰 변수가 없는 한 딜 클로징까지 순항할 것으로 보인다.

구조조정 매물만 찾는 이유

타의에 떠밀려 경영권 매각에 나서는 업체들은 투자자들의 선택을 받아야만 생존할 수 있고, 선택받지 못한 위기 업체는 퇴출하거나 상장기업의 경우 상장폐지가 된다. 거래 구도 자체가 매도인이 쫓기는 상황이다 보니 통상적으로 구조조정 M&A에서는 매수자가 우위에 선다.

저렴한 밸류에이션에 투자하는 것은 투자의 기본이다. 그러나 바겐세일이 언제나 투자 성공을 뜻하진 않는다. 경영 위기에 빠진 기업에 투자하는 것은 정상 기업을 인수하는 것보다 난도 높은 투자라고 입을 모은다. 구조조정 M&A는 구주 거래와 함께 신주발행을 병행해 현금이 말라 버린 회사에 새로운 자금을 투입하는 경우가 많다.

이슈가 생겨 매물로 나온 만큼 새로운 대주주는 보다 세심한 인수 후 통합 작업이 요구된다. 회사를 정상화하는 데 시간은 제한적이며, 문제를 해결하지 못한다면 투자에 들인 돈의 가치는 '0'이 된다. 저렴한 데는 다 이유가 있는 법이다. 마치 외판, 프레임 사고 이력이 남은 중고차 가격이 완전 무사고 중고차보다 저렴한 것과 같다.

물론 사모펀드 업계에는 이러한 투자처만 골라 찾아다니는 운용사들도 있고, 구조조정 딜을 전문적으로 수행하는 큐리어스파트너스와 같은 사모펀드도 있다. 경영 위기에 처한 투자처를 값싼 밸류에이션으로 투자하거나 경영권을 가져와 직접 밸류에이션을 키우는 방식으로 단기간에 경영 여건을 정상화하는 게 핵심이다. 추후 더 높은 밸류에이션을 인정받아 새 주인에게 매각하며 투자금을 회수하는 방식이다.

대형 사모펀드 중에는 다양한 블라인드 펀드를 운용하면서 그중 하나의 전략으로 구조조정 투자를 실시하는데, 구조조정 투자가 주목적인 블라인드 펀드를 운용하기도 한다. 예를 들면 큐 캐피탈파트너스는 구조조정 투자용 블라인드 펀드 '2018큐피씨 13호'를 활용해 KG모빌리티(당시 쌍용자동차) 전환사채[CB]에 투자한 적이 있다.

신생 사모펀드인 디케이파트너스는 구조조정 투자를 전면에 내건 하우스로, 신인임에도 불구하고 루키리그를 통해 블라인드 펀드를 결성해 2024년 초소형 전기차 업체 '디피코'를 인수했다. 디피코 역시 경영 위기로 인해 매물로 나온 업체다.

이들은 비교적 고른 길을 놔두고 고생길이 뻔한 돌길을 걷는 셈인데, 왜 굳이 어려운 길을 걷는 것일까. 답변은 간단하다. 구조조정 투자를 주로 구사하는 사모펀드 관계자는 "투자 성공 확률이 높기 때문이다"라고 설명했다.

그는 "투자의 기본인 저가 매수가 가능한 투자처라 역설적으로 투자 실패 위험이 적다"라며 "구조조정 매물 상당수는 성공적인 비즈니스 모델을 갖췄던 곳으로 작금의 문제를 해결할 수만 있다면 기업 가치를 금세 회복할 수 있다"라고 말했다.

물론 구조조정 기업에 대한 투자는 매물을 잘 선별하고 사후 관리가 통해야 한다는 전제조건이 깔린다. 비즈니스 모델이 시장의 판도 변화 등으로 더 이상 유효하지 않을 수 있고, 악재 속에서 경영 위기를 끝내 극복하지 못할 수 있다.

그럼에도 불구하고 시장에서는 특색 있는 투자 아이디어로 승부하는 사모펀드들이 하나둘 고개를 들고 있다. 구조조정과 M&A 수요는 꾸준히 발생하고 있고, 사모펀드들 역시 지속적으로 투자 기회를 포착할 것으로 예상된다.

07

AI 임팩트…
AI 반도체에 투자 몰린다

대항해시대는 동서양의 운명이 뒤바뀐 결정적 기간이다. 범선, 나침반 등 기술적 수준은 비슷했지만, 정치 권력의 의지가 향방을 갈랐다. 콜럼버스는 스페인의 투자를 받아 신대륙을 발견하고, 금과 은 등 자원을 확보하며 막대한 부를 축적하는 데 성공했다. 유럽 전역이 신대륙의 꿈을 좇아 세계 곳곳으로 뱃머리를 돌렸다. 반면 당시 명나라는 정화 원정대가 인도, 아라비아반도를 거쳐 아프리카까지 항해했지만, 명 황제가 혁신과 확장에 나서기보다는 내부의 안정을 추구하면서 혁신 경쟁에서 밀려났다. 부의 무게추가 유럽으로 쏠리면서 서양은 '지지 않는 태양'이라고 불리며 세계 전역을 손아귀에 넣는 데 성공했다.

물론 혁신은 의지만으로 이뤄지는 것이 아니라, 기술적 전환이 큰 역할을 한다. 19세기 중반 기술 발전으로 증기선이 만들어졌지만, 대항해시대를 지배했던 범선은 여전히 바닷길을 장악했다. '바람은 공짜'라는 인식 탓에 증기선은 돈 먹는 하마로 인식되었지만, 1869년 수에즈 운하가 개통되면서 상황은 크게 달라졌다. 유럽과 아시아를 잇는 좁은 인공 수로는 바람을 예측할 수 없었고, 범선으로는 항해하기가 사실상 불가능했다. 반면 자체 동력으로 움직이는 증기선은 수에즈 운하를 손쉽게 오갔다. 세계 무역의 혁명인 수에즈 운하의 뱃길이 열린 지 10년이 채 걸리지 않아 범선은 모습을 감추게 됐다.

2024년에는 정치 권력의 의지와 기술 발전이 맞물린 AI 혁명이 시대를 강타하고 있다. AI 임팩트는 증기기관, 전기, 인터넷처럼 산업혁명의 역사를 바꾸고 있다. 구경만 하다 앉아서 죽을 수 있다는 위기감은 AI 알파고가 세기의 바둑 천재인 이세돌 9단을 넘어섰을 때부터 발흥했다. 미국, 중국뿐 아니라 싱가포르, 아랍에미리트 등 신흥국에서도 국가 차원에서 AI 경쟁에 뛰어들었다.

구글이 알파고를 만든 딥마인드를 앞세워 AI 시장을 손쉽게 장악할 것이라고 봤지만, 스타트업의 신속성과 혁신성이 그런 전망을 산산이 깨버렸다. OpenAI는 ChatGPT를 상용화하고, 구글의 기술 독점을 경계한 마이크로소프트의 투자를 유치하며 세계 최고의 AI 기업으로 우뚝 섰다. 최근에는 애플, 엔비디아가 OpenAI에 투자를 추진하고 있으며, 평가된 기업 가치만 1,000억 달러 이상이다.

AI는 단순한 기술 혁명을 넘어선다. 애플이 '손안의 PC'인 아이폰을 세상에 내놓으며 산업 전반을 바꾼 것과 비교할 수 없는 충격이다. 한때 세계 핸드폰 시장의 40%를 장악한 세계 1위 핀란드 기업 노키아는 변화의 타이밍을 놓치면서 2013년 9월 휴대폰 사업 부문을 마이크로소프트에 매각해야 했다. 이런 하드웨어 시장의 변화는 부차적일 뿐이었다. 애플이 2008년 선보인 앱스토어와 구글의 안드로이드 마켓은 핸드폰 시장을 소프트웨어 시장으로 바꾸었고, 이 생태계 속에서 빅테크 기업들이 탄생했다. '거의 모든 것을 바꾼 혁명'이었고, 이 혁명을 이끈 애플은 세계 시가총액 1위 기업이 됐다.

이런 변화도 결국 특정 산업의 문제다. 반면 AI는 자국의 언어, 문화, 안보 등 핵심 가치가 지속 가능하냐는 근본적인 질문을 던지고 있다. AI는 세상의 모든 정보를 학습하는 정보 괴물로, 학습된 정보의 양에 따라 답변하는 정도가 달라진다. 정보의 포식자인 AI는 흡수한 학습 블랙홀에 기반해 답변하는데, 때때로 AI 답변은 사회적 논란을 불러온다. 잘못된 정보나 인종차별 등 비

윤리적 답변을 하는 경우인데, 이는 학습의 고도화로 해결 가능하다. 그러나 ChatGPT가 "독도는 어느 나라 땅인가"라는 질문에 "한국과 일본의 영토 분쟁지역"이라고 답하는 등의 논란은 극한 진통을 야기한다. 이로 인해 정보의 주도권을 가지지 못하면 역사와 정통성이 흔들릴 수 있다는 우려의 목소리가 제기됐다.

자국어 기반 토종 AI 개발을 뜻하는 소버린 AI는 정치 권력의 의지 표명이며, 영국과 프랑스 등 유럽 국가뿐 아니라 인도와 싱가포르, 브라질 등이 AI 개발에 사활을 거는 것도 이 때문이다. AI 주권을 위한 세계 주요국의 행보도 바빠지고 있다. 일본은 소프트뱅크를 앞세워 라인야후의 경영권을 확보하려 하고, 미국은 틱톡 운영사 바이트댄스를 미국에서 내쫓기 위해 '틱톡 강제매각법'을 도입했다. 유럽은 플랫폼 규제 패키지 법안DSA, DMA과 세계 첫 AI 규제법인 '유럽연합 인공지능법'을 시행했다. 주요 타깃은 미·중 빅테크 기업이며, 속내는 자국 기업이 성장할 때까지 타국의 플랫폼이 시장을 장악하는 것을 저지하는 데 있다.

이런 흐름은 한국도 크게 다르지 않다. 네이버, 카카오 등 자국 기업의 선전으로 플랫폼 주권을 지키고 있는 만큼 다른 국가에 비해 상황은 우호적이다. 다만, AI 산업은 철저히 자본 경쟁인 만큼 국가의 전폭적인 지원이 절실하다. 향후 국가의 전폭적인 지원 아래 투자 시장도 큰 기회를 맞이하게 될 것이고, 준비된 투자자만이 그 기회를 붙잡을 수 있다.

'투자 빙하기', 똘똘한 AI 반도체에 쏠리는 뭉칫돈

세계는 AI 투자에 사활을 걸고 있지만, 국내 시장만 놓고 보면 태풍 속 찻잔과 같다. 고금리 시장과 경기침체 우려 등으로 투자 시장이 얼어붙으면서 국내 사모펀드도 신중한 행보를 보이고 있다. 사모펀드 영역에서 국내 AI 분야 투자의 포문을 연 곳은 손정의 회장이 이끄는 일본 소프트뱅크다. 지난 2022년 소프트뱅크는 국내 AI 금융 스타트업 크래프트테크놀로지스에 1,700억 원 규모의 투자를 했다. 소프트뱅크 본사가 국내 기업에 투자한 건 쿠팡에 이어 크래프트가 두 번째다.

2016년 설립된 크래프트는 AI 자산운용기술 스타트업으로 독자적인 딥러닝 알고리즘을 기반으로 초과 수익을 추구하는 AI 포트폴리오 시스템과 AI 주문집행 시스템AXE 등을 금융기관에 제공하고 있다. 소프트뱅크는 뉴욕증권거래소에 상장된 크래프트 AI 상장지수펀드ETF가 수익률 부문에서 경쟁력을 보이자, 과감하게 투자했다. 다만, 아직 실적으로 이어지는 선순환 체계를 만들지 못하면서 섣부른 투자에 대한 회의론이 일어나는 것도 사실이다. 크래프트는 2023년 매출은 25억 원으로 2년 전보다 2억 원 증가하는 데 그쳤다. 펀드 투자에 대한 대체재는커녕 보완재 역할에서도 유의미한 성적표를 제시하지 못했다.

OpenAI와 같은 생성형 AI에 대한 투자는 전 세계적으로 크게 늘고 있지만, 국내에서는 이 같은 투자를 찾아보기 어렵다. OpenAI는 ChatGPT 유료 모델을 세상에 내놓으면서 2023년 매출이 16억 달러로 1년 만에 57배 증가했다. 2024년에는 8개월 만에 20억 달러의 매출을 기록하며 전년도의 기록을 이미 경신했다. 이런 폭발적 성장으로 OpenAI의 기업 가치는 1,000억 달러 이상으로 평가받고 있다. 국내 시가총액 2위인 SK하이닉스보다 높은 몸값이다.

국내에서는 네이버, 카카오 등 빅테크 기업과 SKT, KT, LG U+ 등 통신사가 생성형 AI 시장에 뛰어들었지만 외부 조달이 아닌 자체 자금으로 해결하고 있다. 이마저도 세계적인 자본 경쟁에서 부담을 느껴 한 발 빼는 모양새다.

국내 기업 성공의 관건은 기술 경쟁력을 얼마나 확보하느냐에 있다. 소버린 AI는 애국심에 기반을 두고 있는데, 자국 언어와 문화를 담아낼 수 있는 생성형 AI는 주권과 맞닿아 있다는 사실이 국가의 지원과 자국 사용자의 확대로 이어질 수 있다. 하지만 이런 애국심 모델은 결코 해답이 될 수 없다. 과거 IMF 위기 당시 처음 등장한 815콜라는 소비자들에게 애국심 마케팅을 펼쳤다. 한때 콜라 시장 점유율을 13%까지 끌어올리며 인기몰이를 했지만, 외국 음료 업체의 물량 공세와 판촉 행사 등의 경쟁에서 밀리며 2005년 제조사 범양식품은 파산에 이르게 됐다.

결국, OpenAI의 ChatGPT와 구글의 제미나이 등 글로벌 회사와의 경쟁에서 살아남기 위해서는 그에 걸맞은 기술력이 담보되어야 한다. 그러나 대규모 투자가 필요한 시장이며, 이미 레드오션으로 변해가는 상황을 고려해서인지 국내 스타트업은 대규모 투자가 필요한 생성형 AI 분야에 진출하기를 꺼리고 있다. 혁신 스타트업이 진출을 주저하자 대규모 실탄을 제공할 수 있는 사모펀드는 AI 관련 다른 투자처를 찾아 나서게 된다.

국내 사모펀드는 AI 산업의 성장에 따른 전후방 효과를 누리면서도 글로벌 경쟁력이 있는 AI 반도체에 투자를 집중하고 있다. 시장조사기관 가트너에 따르면 글로벌 AI 반도체 시장 규모는 2020년 153억 달러에서 2024년 439억 달러, 2030년 1,179억 달러로 성장할 것으로 전망된다. AI 경쟁력을 끌어올리려면 대규모 학습과 데이터 처리 속도의 개선이 필요한데, 그 핵심이 바로 AI 반도체다. AI 시장의 최대 수혜 업체인 엔비디아는 2023

년 영업이익이 330억 달러로 전년(42억 달러) 대비 8배가 늘면서 세계에서 가장 몸값이 비싼 기업으로 등극했다.

빠른 성장과 높은 영업이익률이 보장된 AI 반도체 시장은 사모펀드에겐 놓치기 어려운 투자 섹터가 됐다. 한국은 그동안 삼성전자, SK하이닉스 등 굴지의 대기업을 앞세워 세계 반도체 시장을 장악해 왔으며, 관련 연구와 기술력은 세계 최고 수준이다. 이런 역량을 바탕으로 라벨리온, 샤피온, 퓨리오사AI, 딥엑스 등 국내 인공지능 반도체 스타트업은 투자금을 블랙홀처럼 끌어모으고 있다. 네 기업의 투자유치 금액만 6,880억 원에 달하는데, 특히 AI 시장이 본궤도에 오른 2023년을 기점으로 VC가 주도하던 투자가 사모펀드로 바뀌었다. 업계에서는 AI 시장이 실체 없는 시장에서 돈이 되는 사업으로 진입했다는 신호탄으로 해석했다.

리벨리온은 2020년 인텔과 스페이스X 출신의 박성현 대표와 오진욱 최고기술책임자CTO 등이 공동 창업한 AI 반도체 팹리스 스타트업으로, 2023년 AI 반도체 아톰을 개발해 KT 클라우드 데이터센터에 공급하며 본격 상업화에 성공했다. 아톰은 국내 최초의 대규모 언어모델LLM을 지원하는 신경망처리장치NPU인데, NPU는 AI 핵심이라고 할 수 있는 딥러닝 알고리즘 연산에 최적화된 반도체다. NPU는 범용성은 다소 부족하지만, 딥러닝 연산에 특화해 엔비디아의 그래픽처리장치GPU보다 빠른 연산 작업이 가능하고 전력 소모를 줄여 전성비(전력 대비 성능 비율)도 개선할 수 있다.

라벨리온은 2023년 IMM인베스트먼트, SV인베스트먼트, KT인베스트먼트, 미래에셋벤처투자 등으로부터 1,700억 원 규모의 투자를 유치했다. 이때 인정받은 기업 가치는 8,800억 원이다. 특히 KT그룹은 리벨리온에 팔로우온 투자(투자)로 총 660억 원의 실탄을 제공하며 지분율 13%를 보유하고 있다. 2024년에는 한국 스타트업 최초로 사우디아라비아 국영 석유그룹 아람코로부터 200억 원 규모 투자유치에 성공했다. 아람코의 기업주도형 벤처캐피탈CVC 와에드벤처스가 200억 원 규모의 투자를 했는데, 인정받은 기업 가치는 9,000억 원이다. 유니콘(기업 가치 1조 원 이상) 기업을 앞두고 리벨리온은 사피온과 합병을 결정했다.

사피온은 2016년 SK텔레콤에서 분사한 기업으로 SK텔레콤, SK하이닉스, SK스퀘어가 공동 출자했다. 2023년 자율주행과 데이터센터 등에 활용되는 고성능 AI 반도체 X330을 공개했다. 그리고 SK그룹을 비롯해 NHN클라우드, 하나금융 등에 공급하며 판로를 확대하고 있다. SK그룹의 전폭적 지원을 받는 점을 높이 평가한 어센트에쿼티파트너스가 2023년 리드 투자자로 나서며 사피온은 총 600억 원의 시리즈A 투자를 유치했다. 투자 당시

기업 가치는 4,000억 원 중반으로 알려졌다.

두 회사가 합병을 한 데는 AI 반도체 시장의 주도권을 가져오기 위해서는 규모의 경제가 필요하다는 판단에서다. 엔비디아 중심으로 구축된 AI 반도체 시장에서 대항마가 되기 위해서는 막대한 투자와 우수한 인력 유치가 필요하다. 다만 스타트업인 두 회사가 해외 거대 기업과 치열한 경쟁을 하기 위해서는 힘을 모으지 않고서는 현실적으로 어렵다고 봤다. AI 경쟁을 펼치고 있는 SKT와 KT가 상호 합병에 동의한 것도 이런 현실을 인식했기 때문이다. 두 기업의 합병 기업 가치 비율은 2.4:1로 사피온이 다소 저평가 받았지만, 대승적인 결정으로 합병에 다다랐다. 통합 법인은 향후 기업공개를 통해 공모자금을 수혈하면, AI 반도체 시장의 골든타임인 향후 3~5년까지 필요한 투자금을 안정적으로 확보하게 된다.

한편, 퓨리오사AI와 딥엑스는 각자 경쟁력을 끌어올리는 방향으로 전략을 수립했다. 퓨리오사AI는 미국 반도체 기업 AMD와 삼성전자에서 반도체 설계를 담당한 백준호 대표가 2017년에 창업했다. 퓨리오사AI는 1세대 AI 전용 반도체 워보이Warboy를 만들어 2023년 카카오 데이터센터에 사용되며 상용화를 마쳤고, 최근에는 2세대 레니게이드RNGD를 내놓으며 본격적인 기술 경쟁에 나서고 있다. 퓨리오사AI는 리벨리온으로부터 합병을 제안받았지만, 독자적인 길을 선택했다. 2023년 말 기존 주주들인 KDB산업은행, DSC인베스트먼트, 퀀텀벤처스 등과 신규 투자자인 게임체인저인베스트먼트, 한국투자파트너스, 교보생명 등이 참여했다. 당시 인정받은 기업 가치는 6,800억 원이다. 2024년에도 추가 투자유치를 진행하고 있으며, 국내 게임사인 크래프톤 등이 투자를 검토하고 있다.

마지막으로 딥엑스는 애플의 애플리케이션프로세서AP 설계 수석 연구원 출신인 김녹원 대표가 2018년에 설립한 기업이다. 딥엑스는 온디바이스 AI에 특화된 최첨단 시스템 반도체 원천기술을 보유하고 있다. 원천기술은 컴퓨터와 스마트 기기, 자율 이동체, 스마트카, 가전, 로봇, 드론, 카메라 시스템 등에서 인공지능이 단독으로 구동될 수 있도록 온디바이스 AI를 실현하는 데 활용된다. 복잡하고 무거운 AI 연산을 저전력, 고효율로 처리해 다양한 소형 전자기기에도 사용할 수 있는 시스템 반도체 제품을 공급한다.

'미스터 반도체'로 불리는 진대제 전 정보통신부 장관이 설립한 스카이레이크에쿼티파트너스가 2024년 600억 원을 투자하며 2대 주주로 올라섰다. 딥엑스는 투자 전 기업 가치로 6,500억 원을 평가받았다. 직전 산업은행, 신한캐피탈, 캡스톤파트너스,

타임폴리오자산운용 등이 200억 원을 투자한 2021년에 인정받은 기업 가치 800억 원과 비교해 8배가량 높아졌다.

AI 기술 혁신에 필요조건인 AI 반도체 혁명은 앞으로도 지속적으로 성장할 전망이다. 국내 사모펀드는 국내 대표적인 AI 반도체 기업에 팔로우온 투자를 지속해, 세계 시장에서 국내 반도체 기업이 경쟁하는 데 든든한 우군이 될 것이다.

AI 유관 산업 투자 흐름 속 기업·사모펀드 동맹으로 투자 전선 넓힌다

기술기업 투자에 강점을 지닌 사모펀드들은 AI 유관 서비스를 제공하는 기업에 과감한 투자 행보를 보이고 있다. 스카이레이크는 생성형 AI와 시너지를 낼 수 있는 서비스형 소프트웨어 SaaS 업체 비즈니스온의 경영권을 2024년에 사들였다. 다른 사모펀드 프랙시스캐피탈파트너스가 보유한 경영권을 세컨더리 딜을 통해 바이아웃한 것이다. 비즈니스온은 2007년 전자세금계산서 전문 업체로 출발했는데 프랙시스캐피탈이 2019년 인수한 뒤 전자서명 업체(글로싸인), 빅데이터 솔루션 업체(플래닛파트너스), 인사관리 플랫폼 기업(시프티) 등 관련 기업을 잇달아 사들여 덩치를 키웠다. 네이버가 자사 생성형 AI와의 시너지를 고려해 인수를 고려했으나, 스카이레이크가 인수 경쟁에서 승리했다.

스카이레이크의 AI 집중 전략은 기존 포트폴리오 경영 전략에서도 잘 드러난다. 스카이레이크는 2020년 말 인수한 동박 제조사 솔루스첨단소재(옛 두산솔루스)의 사업 분야를 AI 부문으로 확대하는 데 성공했다. 솔루스첨단소재는 북미 주요 그래픽처리장치GPU 기업으로부터 차세대 AI 가속기용 동박에 대한 공급 승인을 받았다. AI 가속기는 AI 학습 및 추론에 특화된 반도체 패키지로, 폭발적인 성장세를 보이고 있는 영역이다. 그동안 일본 업체가 독점해 왔던 시장에 진입하면서 경쟁력이 한층 강화되었다는 평가다.

페이팔 및 팔란티어 공동 창업자 피터 틸이 투자해 설립한 크레센도에쿼티파트너스도 AI 분야에 발 빠르게 뛰어들었다. 크레센도는 2023년 말 네이버 관계사인 라인넥스트에 컨소시엄을 구성해 약 1,800억 원을 투자했다. 라인넥스트는 대체불가능토큰NFT 플랫폼을 운영하는 웹3 기업으로, 블록체인을 기반으로 한 AI 기술을 활용해 사용자가 직접 만든 캐릭터를 기반으로 소통하는 SNS 앱과 브라운앤프렌즈 캐릭터를 활용해 즐길 수 있는 웹3 기반 게임을 출시할 계획이다.

2024년 5월에는 1,000억 원 이상 투자해 국내 최대 문서 중앙화 솔루션 기업 사이버다임을 인수해 국내외 1,200개 기업 및 기관의 문서 관리 서비스를 제공하고 있다. 크레센도는 막대한 정보를 가지고 있는 사이버다임을 기반으로 생성형 AI 기업을 볼트온Bolt-on 방식으로 인수해 시너지 효과를 낼 계획이다. 앞으로는 이 같은 AI에 강점을 가진 기업들에 대한 바이아웃 투자도 점차 늘 것으로 보인다.

산업용 가스 시장은 때아닌 AI 특수를 맞이해 사모펀드의 압도적인 러브콜을 받고 있다. 산업용 가스는 반도체, 디스플레이, 철강 등 다양한 산업 분야에서 필수적으로 사용되는 핵심 소재로, AI 산업의 급속한 성장으로 반도체 수요가 높아지면서 반도체용 가스 사용량도 늘어나게 된다.

반면 특수가스 분야는 인허가가 까다로워 진입 장벽이 높은 산업군으로 꼽힌다. 안정적인 수익과 높은 성장성이 보장되면서 매물의 인기가 치솟았고, 기존 기업들은 매각 적기로 보고 시장에 매각을 발 빠르게 타진했다. 효성화학 특수가스 사업부는 IMM프라이빗에쿼티-스틱인베스트먼트 컨소시엄이 1조 2,000억 원에 인수하기로 했다. 효성화학은 이번 매각으로 악화한 재무구조를 개선하고 신사업에 진출하겠다는 복안이다.

5조 대어로 손꼽히는 에어프로덕츠코리아와 SK스페셜티도 매각이 추진되고 있다. 일반 산업용 가스 세계 1위인 에어프로 덕츠가 산업용 가스 업체 에어프로덕츠코리아를 내놓자, 국내외 사모펀드가 모두 인수전에 뛰어들었다. 콜버그크래비스로버츠 KKR, MBK파트너스 등 국내외 대형 사모펀드가 에어프로덕츠에 도전장을 낸 것으로 확인됐다. SK그룹이 리밸런싱(사업 재편) 차 원에서 계열사 정리에 나선 가운데, SK스페셜티도 매각 대상에 포함되자 MBK파트너스, 한앤컴퍼니 등이 인수에 뛰어들었다. 기업과 사모펀드의 이해관계가 맞아떨어지면서 경영권 손바뀜 이 빠르게 나타나고 있다.

사모펀드뿐 아니라 기업들도 AI 변화에 예민하게 반응하고 있다. 앞서 살펴봤듯 AI는 전 영역에서 우리의 삶을 바꿀 게임체 인저다. 기존 레거시 기업들은 산업혁명, 정보통신 혁명의 물결 에 적응하지 못하고 휩쓸려 역사 속으로 사라진 기업들을 떠올 리며 공포에 휩싸여 있다. 늦든 빠르든 그 파고는 결국 기업의 생 사를 결정할 것임을 동물적 직감으로 인식하고, AI 경쟁력을 갖 추기 위해 몸부림치고 있다.

LG그룹은 AI·스마트홈 등 첨단기술 유망기업을 선점하기 위한 목적으로 글로벌 사모펀드인 비스타에쿼티파트너스의 블 라인드 펀드에 1,300억 원을 출자했다. 2000년에 설립된 비스타 에쿼티파트너스는 토마브라보, 실버레이크파트너스와 함께 미국의 3대 테크 섹터 분야 사모펀드로 꼽힌다. LG는 비스타에쿼티파트너스를 통해 우수한 기업을 찾으면 직접투자도 검토하고 있는 것으로 알려졌다.

　대기업뿐 아니라 중소기업도 사모펀드를 활용해 AI 대응 역량을 높여 나가고 있다. 농기계 업계의 테슬라란 뜻의 '농슬라'라는 별명을 가지고 있는 대동은 AI를 접목한 스마트 농기계와 로봇 등을 신산업으로 낙점하고 투자를 확대하고 있다. 플랫폼과 솔루션 사업을 영위하는 대동에그테크와 AI 로봇 전문 계열사 대동AI랩을 통해 AI 산업 분야에 적극 나서고 있다. 또, 미래에셋벤처투자와 함께 700억 원 규모의 미래 농업 펀드를 조성하기로 했다. 자금력과 네트워크가 뛰어난 사모펀드를 활용해 농업 AI 대표기업으로 우뚝 서겠다는 복안이다. 이처럼 대기업과 중견·중소기업은 사모펀드와 함께 AI 분야에 대처하며 DX(디지털 혁신)를 넘어 AX(인공지능 혁신)에 도달하는 움직임이 확대될 전망이다.

08

다가온 미래,
로봇기업 쇼핑 나섰다

노동은 인류의 전유물이었다. 소, 말 등 가축을 통해 노동을 분담하기는 했으나, 주된 생산은 인간의 손과 발이 전담했다. 18세기 후반 1차 산업혁명은 기계가 사람을 대체하는 것이 가능하다는 것을 보여줬다. 사람은 기계를 파괴하는 러다이트 운동을 펼치기도 했으나, 기계의 높은 생산성을 뿌리치는 것은 사실상 불가능했다. 오히려 증기기관과 방적기의 압도적인 생산성을 깨닫게 될 뿐이었다. 기계의 잠재력을 깨달은 인류는 자동차·전기·철강·조선 등 중후장대 산업에서 대량생산이 가능한 공장 시대를 열었고, 100년 뒤에는 정보통신 혁명을 통해 사람들의 일하는 방식을 바꿨다.

이제 로봇 발 산업혁명이 다시금 일하는 방식을 송두리째 바꾸고 있다. 단순 반복 업무와 위험한 업무는 사람의 손을 떠나 로봇의 전유물이 되어가고 있다. 조선소의 용접 로봇, 택배 물류 시장에서의 운반·배송 로봇, 각종 과일을 따고 잡초를 뽑는 로봇 농부가 사람을 빠르게 대체하고 있다. 공장을 떠나 이젠 우리 일상에서도 로봇을 손쉽게 볼 수 있는데, 로봇이 치킨을 튀기고, 커피를 내린 뒤 직접 배송까지 해주고, 주차장 발렛파킹도 이제 로봇이 한다. 한국 프로야구에서는 세계 최초로 로봇 심판이 투구를 판정해 주고 있다.

로봇 시장은 매년 급속 팽창하고 있다. 영국 시장조사 업체 인터랙티브애널리시스에 따르면 2018년 459만 대였던 전 세계 산업·협동·서비스 로봇은 2023년 2,483만 대로 5배 넘게 늘었다. 마켓앤드마켓은 글로벌 로봇 시장 규모가 2023년 573억 달러에서 2030년 1,565억 달러로 3배가 될 것이라고 전망했다.

로봇이 대체할 시장은 폭넓다. 로봇이 가장 깊숙이 침투한 분야는 산업 현장인데, 위험한 업무가 많은 데다 단순·반복적이어서 낮은 수준의 로봇을 통해서도 사람을 대체할 수 있기 때문이다. 의료 분야에서도 일찍이 수술용 로봇이 활약하고 있는데, 2005년 첫 도입 이후 국내 로봇 수술은 계속 증가해 1만여 건으로 늘어났다. 신체 내부를 정밀하게 관찰하고 '손 떨림' 위험도를

5%로 낮춰 주는 기능 덕분이다. 재활 로봇의 쓰임새도 늘어나면서 보행 재활에 필요한 보조 역할을 로봇이 수행한다. 국내에서도 현대자동차가 이미 자체 개발한 보행 보조 로봇을 공개했고, 삼성전자 역시 보행 보조 로봇 '봇핏'을 곧 출시할 계획이다.

농업 분야에서도 점차 활용도가 높아지고 있다. 처음 농부 로봇은 상용화가 어렵다는 시각이 많았는데, 산업용 로봇과 달리 다품종 소량 생산을 해야 하는 농업 분야에는 적합하지 않다는 분석이었다. 공업 제품은 규격화된 생산공정이 있지만, 농업은 작물마다 모양과 강도가 제각기여서 맞춤형 생산이 되어야만 쓸모가 있다. 이에 로봇 업계는 손가락을 교체하고, 소프트웨어는 AI를 활용해 섬세한 공정을 가능하게 했다. 시장조사 업체 스태티스타에 따르면 2021년 76억 달러 규모이던 세계 농업용 로봇 시장은 2026년 185억 달러로 증가할 것으로 예상된다.

미래는 로봇 활용의 판도가 바뀐다. 로봇 가격이 낮아지는 데다 업무 범위도 늘어나 가정에서 쓰는 개인 서비스 로봇이 시장의 주력이 될 것이라는 분석이다. 현재 로봇은 산업 현장에서 일상으로 쓰임새가 점차 이동하고 있으며, 2030년에는 로봇 활용의 주도권이 확 바뀔 것이다.

시장조사 업체 마켓앤드마켓에 따르면 농업·의료·물류 등 특정 업종에 쓰이는 전문 서비스용 로봇이 전체의 49%(776억 달러)를 차지하고, 그 뒤를 가사·돌봄·간병 등 개인 서비스 로봇(27%, 436억 달러)이 잇는다. 산업용 로봇은 16%(253억 달러), 협동 로봇은 6%(98억 달러)에 그친다.

서비스 로봇 시장은 판단 능력과 다양한 업무 수행 능력을 필요로 하기 때문에 똑똑한 AI를 지닌 휴머노이드 로봇을 누가 개발하느냐에 따라 시장 주도권의 향방이 결정된다. 현재 로봇 소프트웨어는 수십 개의 행동을 학습시킨 뒤 로봇이 다른 행동을 제어하도록 하는 수준까지 발달했다. 사람이 붐비는 곳에서는 속도를 줄이고, 사람이 없는 곳에서는 빠르게 이동하는 수준이 이에 해당한다. 휴머노이드 로봇은 사람이 하는 행동을 관찰한 뒤이를 재현하는 것이 궁극의 목표이며, 테슬라, 피규어AI 등 세계적 기업들이 이를 목표로 개발에 나서고 있다.

미래를 보는 선구안, 황금알로 돌아오다

로봇은 '예고된 미래'이지만, 언제 실현될지 모르는 미완의 미래이기도 하다. 1961년 제너럴모터스GM 공장에 세계 최초로 산업용 로봇이 투입되었는데, 뜨거운 금속을 금형 틀에 넣고 빼는 작업을 로봇이 해결하자 세계는 놀랐다. 이후 이동하는 로봇, 사람을 닮은 로봇, 직립보행 하는 로봇이 만들어졌지만, 아직 상용화까지는 거리가 먼 기술적 혁신에 그쳤다. 사람들은 로봇의 혁신에 놀라면서도 우리 실생활과는 거리가 먼 꿈의 영역으로 로봇을 바라봤다.

투자자도 마찬가지다. 사모펀드는 일반적으로 3~5년 내 투자금을 회수하며, 길어야 10년이다. 그 기간 내에 산업이 빠른 성장을 보여야 의미 있는 수익을 낼 수 있다. 그러나 로봇은 항상 반신반의의 영역이었고, 미래만 보고 무턱대고 투자하기에는 상용화 리스크가 컸다. 실제 앞서 산업용 로봇 제조 업체 아이로보를 2019년에 인수한 에이비즈파트너스는 2023년 반도체용 인쇄회로기판 제조사 에스엘에스에 매각했지만, 투자 원금을 상회하는 수준에서 매각해 큰 수익을 보지 못했다.

이런 상황에서 현대차그룹이 2021년 상반기 로봇 개로 유명한 미국 로봇 개발 업체 보스턴다이내믹스를 약 1조 원을 주고 인수하자 국내 시장은 충격을 받았다. 투자자 일부는 로봇 시장이 스타트업에 소수 지분 투자를 하는 게 아닌, 조 단위 투자로 경영권을 인수하는 성장 단계로 진입했다고 판단했다.

IMM프라이빗에쿼티는 2021년 말 베어로보틱스에 약 600억 원을 투자했는데, 사모펀드가 로봇 기업에 투자하는 서막을 열었다는 평가를 받았다. 베어로보틱스는 2017년 설립된 실리콘밸리 소재 서빙 로봇 제조 스타트업이다. 구글 출신 하정우 대표가 창업한 기업으로 AI 서빙 로봇 '서비Servi'를 개발해 판매하고 있다. IMM프라이빗에쿼티는 베어로보틱스의 기업 가치를 5,000억 원 이상으로 책정했는데, 그만큼 성장성이 높다고 판단한 것이다.

프랙시스캐피탈, 한국투자파트너스 역시 2021년 두산로보틱스에 과감한 베팅을 했다. 적자 기업인 두산로보틱스에 상장 전 지분 투자(프리 IPO)로 각각 300억 원과 100억 원을 투자했다. 투자 당시 너무 위험한 투자 아니냐는 시장의 우려도 제기됐는데, 당시 연 매출 450억 원 기업에 4,000억 원 이상의 기업 가치를 책정해 투자했기 때문이다.

그러나 시장은 점차 로봇의 시대를 예고했다. 삼성전자가 2023년 초 협동 로봇·휴머노이드 전문기업 레인보우로보틱스에 총 867억 원을 투자해 지분 15%를 확보했다. 2029년 3월까지 지분율을 60%까지 끌어올릴 수 있는 콜옵션(매수 선택권)도 체결했다. 삼성이 미래산업으로 로봇을 낙점하자 시장에서는 로봇에 대한 재평가가 본격화됐다.

기업공개를 추진한 두산로보틱스는 우호적 시장환경 속에서 성공적으로 코스피 시장에 데뷔했다. 프랙시스캐피탈과 한국투자파트너스는 투자 원금의 7배에 달하는 수익을 올리며 큰 성공을 거뒀다. 이런 성공은 곧 로봇 분야가 사모펀드의 투자 유망 업종으로 떠오르는 발판이 됐다. 실제 AIM인베스트먼트가 2024년 3월 스마트팩토리 물류 로봇 기업 제닉스에 프리 IPO(지분 투자)로 177억 원을 투자했다. 같은 해 9월 코스닥 상장을 앞두고 이뤄진 희망 공모가가 밴드 상단 18%를 초과하며 또 한 번 투자 성공에 대한 기대감이 커지고 있다.

기업의 미래 먹거리 로봇… 투자 봇물 이뤄지나

현대차, 삼성이 연달아 로봇 기업에 투자하면서 다른 기업들도 로봇에 대한 투자 열기가 뜨겁다. LIG 넥스원은 2024년 7월 미국 로봇 개발·제작 업체 고스트로보틱스의 지분 60%를 3,320억 원에 사들였다. LIG 넥스원은 이번 인수를 위해 한국투자프라이빗에쿼티와 맞손을 잡았다. 이번 인수에 각각 6:4 비율로 투자금을 마련했다.

LIG 넥스원은 '로봇 개'라고 불리는 4족 보행 로봇 분야에서 독보적인 기술력을 자랑하는 고스트로보틱스를 통해 군사용 외에도 재난 구호, 물건 배송 등에 활용한다는 구상이다. 로봇 개는 미군을 비롯한 각국 군대, 경찰 조직이 실전에 적극 도입할 정도로 성능을 인정받아 실용화 가능성이 크다는 평가다. 이번 인수로 LIG넥스원은 현대차와 4족 보행 로봇 시장에서 열띤 경쟁을 펼치게 됐다. 특히 LIG넥스원은 방위산업을 영위하면서 군산 분야에서 고스트로보틱스를 한층 활용할 수 있다. 현대차그룹과 LG그룹의 방계인 LIG그룹의 미래 먹거리 분야에서의 경쟁이 향후 관점 포인트다.

표 1. 첨단로봇 투 톱 보스턴다이내믹스 vs 고스트로보틱스

보스턴다이내믹스	구분	고스트로보틱스
1992년	설립연도	2015년
마크 레이버트(Marc Raibert)	창립자	아비크 데(Avik De)
		개빈 케널리(Gavin Kenneally)
미국 매사추세츠주 월섬	본사 소재지	미국 필라델피아
현대자동차그룹	모기업	LIG넥스원
4족 보행 로봇 '스팟'	주요 제품	4족 보행 로봇 '비전60'
2족 보행 로봇 '아틀라스'		
경쟁사 대비 뛰어난 성능	특징	실전 활용성과 뛰어난 상품성
2족, 4족, UAM 등 다양한 포트폴리오		4족 보행 로봇에 집중
상업화 단계 본격화		각국 군대와 정부가 주요 고객

비철금속 1위 제련 기업 고려아연 역시 최근 로봇 시장에 진출했다. 국내 로보틱스 솔루션 기업인 로보원에 150억 원을 투

자하며 경영권을 인수했는데, 로보원의 AI 폐기물 선별 로봇을 활용해 전자폐기물E-Waste 선별공정 상당수를 자동화해 업무 효율성 및 생산성을 높인다는 복안이다. 이처럼 사실상 모든 분야에 적용 가능한 로봇을 산업 분야에 활용하려는 기업들이 빠르게 확대될 전망이다.

기업공개 시장에서 대기업이 스타트업 초기부터 투자한 로봇 기업들이 2024년 하반기에 대거 상장을 예고하면서 이 분야에 대한 사모펀드의 투자가 한층 활성화될 것이다. 교육용 로봇 개발사 에이럭스는 코딩 로봇 '비누'를 개발했고, 전국 2,500여 개 학교 현장에 제품을 공급하며 성장성을 인정받았다. 게임사 넷마블과 IMM인베스트먼트는 2021년 전략적 투자를 감행했다. 당시 투자 후 기업 가치는 약 700억 원으로, 코스닥 상장을 위한 예비심사를 승인받으며 2024년 내 입성이 예상된다.

3D 비전 센서 전문기업 씨메스는 연내 입성을 확정했다. 씨메스는 3차원 비전 기술, AI 기술, 산업용 로봇 제어 기술을 기반으로 지능형 로봇 솔루션을 제공한다. 씨메스의 2대 주주는 SK텔레콤으로 현재 지분율이 약 8.39%다. SK텔레콤은 씨메스에 2016년 9억 원, 2022년 100억 원을 투자했다. GS리테일 역시 씨메스 지분 3.06%를 보유하고 있다.

로봇 소프트웨어 기업 클로봇도 연내 상장을 확정했다. 클

로봇은 서로 다른 로봇을 관제하는 솔루션과 자율주행 솔루션을 개발했는데, 현대자동차그룹의 제로원(현 지분율 3.7%), 네이버 (2.0%) 등이 초기부터 투자에 참여했다. 대기업이 SI로 참여한 로봇 기업들이 기업공개 시장에 뛰어들면서 향후 사업 확장을 위한 외부 실탄을 사모펀드로부터 조달받을 것으로 보인다.

09

선택과 집중…
되는 바이오만 노린다

COVID-19는 제약바이오 기업들의 운명을 바꿔 놓았다. 유례없는 저금리 시대에 유동성은 넘쳐났고, 글로벌 풍토병으로 투심이 바이오 업체에 쏠렸다. IT 버블 당시 실체 없는 기업조차 투자유치를 했다는 촌극이 채 잊히기 전에 바이오 업체에 대한 시장의 '묻지마 투자'가 번번이 이뤄졌다. 기술특례상장으로 기업공개 시장은 그 어느 때보다 손쉽게 진입이 가능했으며, COVID-19 백신을 개발한다는 소식 한 가지만으로 기업 가치가 수 배 높아졌다. 기업들은 유상증자, 보유 주식 장내 매도 등을 통해 막대한 돈을 쥐게 되었다.

그러나 2022년 금리 인상으로 유동성 잔치는 끝났고, 그동안 미뤄 두었던 청구서가 각 기업에 전달됐다. 연구개발R&D 성과가 없는 기업은 철저하게 투자 시장에서 외면받았다. 통제 없이 자금을 쓰다 악화한 재무구조로 존폐 위기에 처한 업체가 다수다.

저금리 시대의 종언으로 제약바이오 기업의 대기근이 시작됐다. 자금조달이 막히면서 바이오벤처 중에선 연구 장비를 내다 팔고, 연구 인력을 줄여 운영자금을 마련하는 경우가 늘고 있다. 자금난의 여파로 신약 후보 물질(파이프라인) 구조조정을 하며 연명하는 기업들도 확대되고 있는데, 자체 생산물 없이 연구개발만 진행하는 사업 구조에서 살아남기 위해 택한 고육지책이다. 그나마 상장사는 신주발행으로 자금을 확보하지만, 비상장사는 폐업 위기에 내몰리고 있다.

신약 개발이 크게 줄자 임상시험수탁기관CRO 등 연관 산업도 불황을 피해 가지 못했다. 국내 주요 상장 임상시험수탁기관 6곳 가운데 4곳의 2024년 상반기 매출이 뒷걸음질 쳤고, 6곳 중 5곳은 영업이익이 줄거나 적자 전환했다.

투자 절벽은 당장 숫자로 나타났다. 한국벤처캐피탈협회에 따르면 국내 VC의 바이오·의료 신규 투자는 2021년 1조 6,770억 원에서 2023년 8,844억 원으로 2년 만에 절반 수준으로 급감했다. 2024년 7월까지 투자금이 5,929억 원에 머물며, 기근의 장기화가 해결될 기미를 보이지 않고 있다.

입증된 곳만 선별적으로 투자

　제약바이오 섹터는 모험자본 중심으로 투자금을 모은다. VC
는 하이 리스크·하이 리턴을 염두에 두고 제약바이오에 투자한
다. 반면 사모펀드는 투자에 한번 실패하면 LP에게 외면받기 때
문에 제약바이오에 대한 투자에는 통곡의 벽이 쳐져 있었다.

　그러나 일부 사모펀드가 기술 수출을 통해 성공 가능성을 입
증한 곳에 선별적으로 투자해 왔다. 에스지프라이빗에쿼티^{SG PE}
는 2021년 1월 알테오젠에 750억 원, 같은 해 7월 레고켐바이오
(현 리가켐바이오)에 300억 원을 투자했다. 앞서 셀트리온, 한독 등
돈을 버는 국내 제약사에 투자한 사례는 있지만, 사모펀드가 바
이오테크에 투자하는 사례는 극히 드물었다. 에스지프라이빗에
쿼티가 두 바이오테크에 투자한 것은 조 단위 기술 수출을 단행
한 이력 때문이었다.

　특히 최근 주목받는 플랫폼 기술이라는 점이 주목받았는데,
제약바이오 산업에서 플랫폼은 기존 의약품에 적용해 다수의 후
보 물질을 도출할 수 있는 기반 기술을 의미한다. 플랫폼 기술의
가장 큰 특징은 특정 약물이나 적응증에 제한되지 않고 다양한 질
환 분야에 적용할 수 있는 무한 확장성을 지녔다는 점이다. 알테
오젠(피하주사 제형 기술), 리가켐바이오(차세대 항체약물접합체 플랫폼)
는 플랫폼 기술을 바탕으로 기술 개발을 한다. 알테오젠은 4건의

기술 수출로 총 7조 원의 계약을 했으며, 리가켐바이오는 누적 13건의 계약으로 총 8조 7,000억 원의 기술 수출을 했다. 사모펀드 시장에서는 신약 개발 성공이라는 '한탕'을 노리는 것보다 플랫폼 기술을 통해 꾸준히 수익을 내는 바이오 업체에 투자를 단행했던 것이다.

반면 신약 개발사는 연명을 위한 손바꿈에 그친 경우가 대다수다. 휴온스는 2023년 12월에 크리스탈생명과학(현 휴온스생명과학)을 단돈 4억 원에 인수했는데, 완전 자본잠식으로 기업 생존이 어두워지자 헐값에 바이오테크를 인수한 사례다. 2005년 1호 기술특례상장으로 코스닥에 진입해 한때 시가총액 4조 원을 넘었던 헬릭스미스는 바이오솔루션에 365억 원 규모에 팔리는 굴욕을 겪었다. 이밖에 파멥신(50억 원), 큐리언트(100억 원) 등도 저가에 손바꿈됐다. 신약 개발에 실패한 기업은 휴지 조각으로 전락하는 경우가 빈번해지면서 바이오테크에 대한 사모펀드의 관심은 뚝 끊겼다.

기업의 새 먹거리 '바이오'… 손바꿈 투자도 여전

기업은 미래 먹거리로 바이오를 낙점했다. 삼성, SK, CJ에 이어 롯데까지 바이오의약품 위탁생산^{CDMO}에 뛰어들면서 바이오 헬스케어에 대한 관심이 커지고 있으며, 기존 대기업뿐 아니라 이종 산업으로 진출하는 중견기업들도 늘어나고 있다. 초코파이로 유명한 오리온은 2024년 1월 리가켐바이오를 5,500억 원에 인수했다. 풍부한 현금을 보유한 오리온은 미래 시장을 선점하기 위해 시장에서 검증이 끝난 리가켐바이오를 사들이면서 헬스케어 산업에 뛰어들었다.

부광약품을 인수했던 OCI그룹 역시 상속세 마련과 가족 간 경영권 분쟁에 휩싸인 한미약품 그룹을 인수하며 전격적으로 헬스케어 시장에 뛰어들었다. 다만, 주주총회에서 임종윤·종훈 형제가 승리하며 인수 계약은 무위에 그쳤지만, 알짜 매물이 시장에 나오면 언제든 헬스케어 사업에 진입할 것이라고 시장은 전망하고 있다. 아울러 이종 산업 진출을 희망하는 중견기업이 언제든 깜짝 인수 시장에 뛰어들 수 있다.

2024년에는 안정적으로 수익을 내는 제약바이오 회사의 세컨더리 딜이 이어졌다. MBK파트너스는 의약품 유통기업 지오영을 글로벌 사모펀드인 블랙스톤으로부터 기업 가치 2조 원 규모로 경영권을 사들였다. 지오영은 2023년 그룹사 연결기준 매출 4조 4,386억 원, 영업이익 869억 원을 기록했다. 의약품 유통 시장의 높은 진입장벽과 안정적인 수익 구조를 높이 평가해 블랙스톤이 5년 전 지오영을 인수할 당시보다 약 2배가량 높은 가치에 사들이기로 했다.

호주계 사모펀드 운용사인 맥쿼리자산운용도 합성의약품 위탁개발생산CDMO 업체인 제뉴원사이언스를 6,200억 원에 인수하기로 했다. 제뉴원사이언스는 IMM프라이빗에쿼티가 2020년 11월 한국콜마 제약사업부와 자회사 콜마파마를 인수한 뒤 5,124억 원을 투자해 설립한 업체다. 맥쿼리자산운용은 국내 제약사 300곳 중 80%가 제뉴원사이언스의 고객이라는 점을 높이 평가해 투자했다. 다만, 사모펀드가 제약바이오 업체의 경영권을 인수하는 사례는 이미 검증이 끝난 세컨더리 딜로 좁혀질 것으로 보인다.

3장

2024년 기관투자자가 주목한 분야

PRIVATE
EQUITY
FUNDS
M&A

10

'업황 부활' 미용산업, K-뷰티에 지갑 열렸다

한국의 미용산업 대표주자는 본래 '화장품'이었다. 2010년대 초반만 하더라도 우리나라 화장품 기업이 중국 시장을 재패하던 시절이 있었다. 당시 국내 굴지 대기업은 물론, 로드숍을 운영하던 중소 브랜드들도 대대적으로 중국 시장을 공략했다. 그간 축적됐던 화장품 기술력에 드라마 등 콘텐츠에서 촉발된 '한류 후광'을 톡톡히 본 영향도 있었다.

그러나 2010년대 들어 중국과의 외교 갈등이 표면으로 드러났다. '사드THAAD 사태' 이후 우리나라 미용산업 지형에서 화장품 입지는 빠르게 축소됐고, '한한령'으로 인한 판로 위축, 한국 제품에 대한 현지 소비자 반감이 두드러지기 시작했다. 중국 내에서도 로컬 화장품 브랜드가 빠르게 치고 나오면서 한국 화장품이 확보했던 시장 점유율을 잠식했다.

이로부터 약 10년이 지난 2024년, 한국 미용산업은 유수 투자자들의 시선을 빼앗고 있는데, 과거와는 같은 듯 다른 모습이다. 화장품이 선두 주자였다면 작금의 K-뷰티 열풍에는 화장품은 물론 미용·의료 기기와 같은 고도화된 제품도 세계 시장의 이목을 끌고 있다.

글로벌 사모펀드인 베인캐피탈이 클래시스를 인수했고 프랑스계 사모펀드 '아키메드'는 국내 상장사인 제이시스메디칼을 공개매수했다. 또 동화약품과 손을 잡은 미래에셋벤처투자 사모펀드가 하이로닉 인수를 추진 중이다. 앞서 2023년에는 한앤컴퍼니는 루트로닉을 공개매수 후 자진 상장폐지 하는 방식으로 경영권을 확보하는 조 단위 바이아웃을 단행했다.

화장품 시장에도 오랜만에 활기를 되찾았다. 2023년까지만 해도 부정적 전망이 앞섰던 화장품 섹터에 M&A가 몰리며 모처럼 훈풍이 불고 있다. 2023년 칼립스캐피탈이 '독도토너'로 유명한 서린컴퍼니를 인수했다가 1년 만인 2024년 경영권 매각에 돌입했다. 화장품 섹터에 대한 투심이 부정에서 긍정으로 반전되자 발 빠르게 투자금 회수에 돌입했는데, 더 높은 밸류에이션을 받을 수 있다고 판단하고 엑시트에 나선 것으로 보인다.

2024년 구다이글로벌이 크레이버코퍼레이션 인수 본계약을 체결했다. 같은 해 모건스탠리프라이빗에퀴티는 스킨이데아 경영권을 매입했다. 2024년 9월에는 SKS프라이빗에퀴티가 과거 인수했던 비앤비코리아를 약 매각하는 데 성공했다. 비앤비코리아는 한때 '마유크림' 열풍으로 상승세를 탔지만, 중국 발 사드 사태로 직격탄을 맞고 실적이 고꾸라졌다. SKS프라이빗에퀴티는 오랜 기간 비앤비코리아를 팔지 못하다 2024년 미용 섹터 인기에 힘입어 매각에 성공한 것으로 풀이된다.

K-뷰티로 통칭되는 미용산업에서 M&A 거래가 활발하게 일어나는 이유는 무엇일까? COVID-19 팬데믹 이후 리오프닝 영향이 본격화되는 수순으로 해석된다. 소비자들은 다시 외출을 시작했고, 외모 관리에 지출을 늘리는 모양새다. 그간 부진했던 업황이 바닥을 찍고 다시 정상화되고 있다. 자기표현을 중시하는 소비자들의 성향으로 스킨케어, 메이크업, 헤어케어 수요가 빠르게 늘어나는 것으로 분석된다.

'한국 문화의 힘' K-뷰티 시장 확대

시장조사기관 등에 따르면 K-뷰티 시장은 최근 5년 동안 연평균 성장률CAGR 9.4%를 기록하며 두 자릿수에 육박하는 성장률을 보이는 것으로 확인된다. 피부 건강과 자연에서 유래한 성분에 대한 소비자 관심이 높아진 영향도 상품 수요를 견인하는 요소로 꼽힌다.

표 2. K-뷰티 시장의 매출 비중 및 최근 5개년 매출 성장률(CAGR 포함)[1]

연도	글로벌 K-뷰티 시장 매출(억 달러)	연평균 성장률(CAGR)
2019년	105.87	9.2%
2020년	113.00	9.4%
2021년	120.30	9.7%
2022년	132.16	9.4%
2023년	142.75	9.4%

K-뷰티 상품이 다양한 국가에서 호응을 얻은 이유는 기업들이 현지 소비자들에게 직접 접근할 수 있는 창구가 많아진 탓도 있다. 여기에는 한국 드라마, 아이돌 그룹 등을 접한 해외 소비자들이 한국산 제품으로 눈을 돌리고, 직접 국내 제품을 써 보려는 신규 소비자로 유입되는 선순환이 이뤄지고 있다.

특히 선순환이 구축되는 원동력으로 디지털 마케팅과 SNS 유행이 첫손에 꼽힌다. 미용산업 성장동력의 주요 축으로 평가될

---

1 출처: Polaris Market Research: 글로벌 K-뷰티 시장 보고서(2023~2032)
 Inkwood Research: K-뷰티 시장 분석 보고서(2023~2032)

정도다. 유튜브, 틱톡, 인스타그램 등 플랫폼에서 활동하는 인플루언서 마케팅이 주목받고 있다. 특히 숏폼, 유튜브와 같은 뉴미디어의 소비자 침투력이 크게 높아졌다는 설명이다.

상장기업 주가 추이를 통해서도 K-뷰티의 열풍을 엿볼 수 있다. 상장기업은 화장품보다는 미용·의료 기기 분야 업체들이 포진하고 있다. 클리닉 등 전문가들이 사용하는 레이저 의료 기기를 포함해 소비자가 집에서 스스로 피부관리를 할 수 있는 홈케어 제품, 미용 관련 각종 서비스 등이 이들 업체의 주요 사업 영역으로 꼽힌다.

근래 상장에 성공한 미용 섹터 기업 주가에는 시장 기대감이 반영됐다. 국내에선 HK이노엔, APR, 레아젠 등을 꼽을 수 있다. HK이노엔은 2021년 8월 상장 후 헬스케어와 관련 제품 수요 증가 효과를 톡톡히 보고 있다. 상장 당시 주가는 약 5만 9,000원이었지만 2024년 9월 1일 기준 6만 9,000원으로 약 17% 상승했다.

APR은 2023년에 상장한 후 2024년 9월 현재 주가가 약 13% 상승했다. 레아젠은 바이오와 뷰티 융합 제품을 앞세워 2021년 상장했는데, 현재 주가는 상장 당시보다 약 12% 상승한 것으로 조사됐다.

표 3. 2019~2024년 사이 상장된 미용 관련 기업 현황(기준일: 2024년 9월 1일)

기업명	상장 시기	상장일 주가(원)	현재 주가(원)	주가 변화율	상장 수요 예측
HK이노엔	2021년 8월	59,000	69,000	16.9%	200:1
APR	2023년	15,000	17,000	13.3%	150:1
레아젠	2021년 10월	25,000	28,000	12.0%	180:1

미용을 향한 시장의 관심은 국내에만 국한되지 않으며, 국외에서도 피어그룹의 주가 상승세가 확인된다. 이 가운데 미국 상장 시장의 사례를 예로 들 수 있다. 최근 상장된 올라플렉스 홀딩스Olaplex Holdings, Inc.와 오디티 테크Oddity Tech Ltd., 더뷰티헬스컴퍼니The Beauty Health Company, Hydrafacial와 같은 상장사를 살펴보고자 한다.

올라플렉스Olaplex는 손상된 머리카락을 회복하는 헤어케어 제품을 주력으로 삼고 있다. COVID-19 팬데믹이 끝나자 홈케어에 대한 관심이 증가한 덕분에 상장 후 주가는 2024년 9월 1일 현재 19% 상승했다.

오디티 테크Oddity Tech는 AI 기반 맞춤형 뷰티 솔루션을 제공하고 소비자에게 맞춤형 화장품을 추천하는 비즈니스 모델을 갖고 있으며, 주가는 약 5% 상승했다. 더뷰티헬스컴퍼니The Beauty Health Company는 기업인수목적회사SPAC 합병으로 상장된 케이스다. 피부 관리 기기인 하이드라페이셜Hydrafacial을 앞세운 곳으로 상장 이후 40% 이상 주가가 상승했다.

국내에서 경영권 거래가 활발했던 레이저 기기 업체들의 경우 진입장벽이 다른 미용품목 대비 상대적으로 높다. 고강도 집속 초음파HIFU, 고주파RF 레이저 기기, 의료·미용 기기의 경우 각국 정부의 인증을 받아야 하는 관문이 있기 때문이다. 제품의 안전성과 효능을 입증해야 하는 허들은 높지만, 신뢰성만 확보된다면 보다 높은 수익을 거둘 수 있다.

표 4. 2019~2024년 미국에서 상장된 주요 미용 관련 기업(기준일: 2024년 9월 1일)

기업명	상장 시기	상장일 주가 (USD)	현재 주가 (USD)	주가 변화율	수요 경쟁률
Olaplex Holdings, Inc.	2021년 9월	21	25	약 19% 상승	300:1
Oddity Tech Ltd.	2023년 7월	35	36.80	약 5% 상승	150:1
The Beauty Health Company	2021년 5월 (SPAC)	10	14	약 40% 상승	N/A

미용산업 투자, 따져 봐야 할 주의점

미용 섹터 투자에 희망 요소만 있는 건 아니다. 투자를 검토하는 입장에서는 신중하게 살펴볼 부분들이 적잖다. 시장 규제가 끊임없이 변하고 있고, 소비자들의 취향 트렌드도 빠르게 바뀌고 있어서 시시각각 변하는 시장에 적응하지 못한다면 도태되기 십상이다. 때문에 투자 후에도 피투자 기업의 경영 현황을 모니터링할 필요가 있다. 미용 섹터 투자 변수로는 ① 제품 안전성, ② 소비자 신뢰, ③ 친환경성, ④ 트렌드 대응이 꼽힌다.

우선 제품 안전성은 첫 번째로 검증할 부분이다. 미용 제품은 소비자의 피부, 머리카락, 건강에 직접적으로 영향을 미친다. 안전성 이슈는 알레르기 반응, 피부 자극, 호르몬 교란 등 소비자 건강 문제와 직결되기 때문에 각국 규제기관도 미용 제품 안전성에는 엄격한 잣대를 들이밀고 있다. 미국 FDA^{Food and Drug Administration}나 유럽 ECHA^{European Chemicals Agency} 등의 기관이 제품 유해성을 검증하며, 안전성 이슈에 휘말렸다간 법적 이슈로까지 비화할 가능성이 크다.

소비자 신뢰도 빼놓을 수 없다. 제품 안전성만큼 소비자 신뢰 중요성은 크다. 소비자 신뢰는 제품 자체 품질뿐만 아니라 브랜드 마케팅 등 소비자와 기업 간의 소통과도 연결된다. 미용산업 내 브랜드 신뢰도가 하락할 경우, 시장에서의 생존이 불투명해지기 때문에 기업 운영 투명성을 유지하면서 고객 피드백을 적극 반영하는 것이 소비자 신뢰를 관리하는 방법이라는 설명이다.

친환경성도 무시할 수 없는 요소인데, 비교적 최근부터 소비자의 관심을 받고 있다. 미용산업은 환경에 미치는 영향이 큰 축에 속하다 보니 플라스틱 용기, 화학 성분, 동물실험 등은 환경, 윤리 문제와도 연관성이 높은 것으로 분석된다.

소비자들도 자신들이 이용하는 브랜드, 기업의 지속 가능 경영과 친환경 경영 여부를 중시하는 방향으로 분위기가 바뀌고 있다. 동물시험을 하지 않거나 유기농, 천연 성분을 활용하는 전략이 시장에서 긍정적 반응을 끌어낸다. 친환경성을 중시하는 소비자들의 목소리를 미용 섹터 플레이어들이 경청해야 하는 이유다.

마지막으로 미용 트렌드 모니터링은 기본 요소다. SNS 영향으로 새로운 트렌드는 빠르게 등장해 신속하게 사라진다. 예를 들면 자연스럽고 건강한 외모를 중시하는 '노메이크업' 트렌드가 인기를 끈다면 기업들은 발 빠르게 노메이크업 신제품을 내놓는 방식으로 대응하고 있다. 그리고 제품 개발 과정에서 동물 실험을 거치지 않고 유해 의심 성분을 배제하는 비건 뷰티도 인기를 끌고 있다.

11

돌아온 반도체 슈퍼사이클,
피크아웃은 언제?

우리나라는 세계 경제에서 엄연한 후발주자로 마땅한 산업 인
프라가 없던 환경을 이겨내고 '무無에서 유有를 창조한 케이스'였
다. 첨단 과학이 투입되는 반도체를 개발도상국이 사업화하겠다
는 것은 말 그대로 무모한 도전이었다. 과거 기업인들의 과감한
도전으로 반도체는 현재 우리나라 경제를 지탱하는 대표 수출
종목으로 자리매김했다.

우리나라가 반도체 강국으로 도약할 수 있었던 이면에는 M&A
가 있었다.[2] 1970년대 삼성전자가 '반도체 자급'을 내걸고 반도
체 사업을 내재화한 것이 발단이었다. 1974년 12월 당시 이병

---

2 참고 자료: 한국경제인협회 디지털 기업인박물관
　https://www.fki-emuseum.or.kr/main/themeHall/incident_08.do

철 삼성전자 회장은 파산 위기에 처한 한국반도체를 사들였다. 이 회장이 망하기 직전의 회사를 사오겠다고 나서자 삼성 내부에서도 만류했지만, 이 회장은 사재까지 털어 한국반도체 지분 50%를 매입했다.

한국반도체는 1974년 설립된 국내 첫 반도체 제조사로, 반도체 웨이퍼 가공을 국내에서 처음 시작한 곳으로 알려졌다. 제1차 오일쇼크 여파로 창업 직후 회사는 위기에 빠졌고, 삼성전자가 한국반도체를 인수했지만 뾰족한 수가 있는 것은 아니었다. 삼성전자의 반도체 사업은 마땅한 기술력이 없어 적자가 나는 애물단지였다. '돈 먹는 하마'가 된 셈이었다.

이 회장은 반도체 사업에서 성과를 얻지 못하자 선진국에 있는 경제인들에게 도움을 요청했다. 이 회장은 고바야시 고지 일본 NEC 회장에게 삼성 반도체 사업이 부진한 이유를 진단해 달라고 부탁했다. 얼마 후 NEC 엔지니어들은 한국을 방문해 반도체 생산라인을 점검했으나, 이들은 어떠한 피드백도 남기지 않았다. 두 사람의 친분이 깊었음에도 불구하고 NEC 측에선 잠재 경쟁자에게 도움을 주지 않겠다는 무언의 메시지를 보인 것이다.

이 회장은 주눅 들지 않았고, 오히려 더욱 반도체 개발에 정진해야겠다고 다짐했다. 삼성전자의 반도체 사업 결과물은 거의 10년이 다 돼서야 나타났다. 삼성전자는 1983년 국내 최초로 64K D램을 개발했다. 반도체를 사업화할 기술력은 물론 사회적 인프라도 부족하다는 평가 속에서 오너 가의 강력한 의지로 추진된 사업이었다. 가시적 성과를 발판으로 삼성전자는 D램 사업에 박차를 가했고, 결국 D램 세계 시장에서 점유율 1위를 차지했다.

1970년대부터 시작된 국내 반도체 시장은 이제 우리나라 경제를 지탱하는 대들보 역할을 톡톡히 하고 있다. 삼성전자와 SK하이닉스라는 걸출한 기업들이 배출되면서 이와 연관된 밸류체인도 두텁게 형성됐다. 투자자에게도 행운이다. 국내에 세계 시장을 리드하는 섹터가 있다는 점은 그만큼 투자 기회도 넓다는 의미다. 더구나 해외 기업보다 정보 수집이 용이하다는 점에서 반도체 산업은 2024년에도 투자자들의 '믿을맨'으로 주목받고 있다.

믿었던 이차전지의 배신, 반도체만 남았다

"우리나라에서는 성장 스토리가 제대로 나와 주는 섹터가 안 보입니다. 투자도 걱정이지만 우리나라 경제를 이끌어 갈 차기 성장동력이 불투명하다는 우려를 지울 수가 없습니다."

2024년 들어 사모펀드에서 투자 의사결정을 내리는 고위 관계자들을 만나면 그들이 공통적으로 꺼내는 이야기다. 이들은 신규 투자처 선정이 쉽지 않다는 고민을 호소한다. 이차전지, 반도체를 이어갈 성장 섹터가 없다는 게 고민의 골자다.

2023년 가장 뜨거웠던 투자처는 이차전지 섹터였다. 주식시장뿐만 아니라 사모펀드 업계에서도 이차전지 투자 열풍이 불었고, 전기차를 등에 업은 성장 모멘텀을 잡기 위해 유수 사모펀드들이 이차전지 기업 투자에 뛰어들었다. 하지만 이차전지 인기는 2024년 들어 크게 꺾였다.

'전기차 캐즘Chasm'이 업계를 덮친 탓이다. 캐즘은 새 혁신에 대한 수요가 일시적으로 꺾이는 현상을 뜻하는데, 초기에는 신기술을 찾는 소수 얼리어답터가 시장 수요를 이끌지만, 일반 소비자들의 수요는 늘지 않으면서 생기는 격차다. 전기차 역시 초기 수요가 잦아들고 다수의 일반 소비자가 캐즘 공백을 채워 줘야 시장 성장이 가능한 시점이다.

국내에는 LG에너지솔루션, SK온, 삼성SDS 등 굵직한 이차전지 플레이어들이 버티고 있다. 또 이들과 협업하는 협력 업체들도 상당한 규모의 밸류체인을 형성했다. 하지만 중국 배터리 제조사들과의 경쟁이 격화되자 이차전지 업계 전반이 어려움을 겪는 형국이다.

국내 플레이어들이 집중했던 '삼원계' 방식과 달리 국내 제조사들과 경쟁 중인 중국 배터리 제조사들은 'LFP' 배터리를 밀었다. 성능 면에서는 삼원계가 앞서지만, 경제성 면에서는 LFP가 앞선다는 평가다. 최근 들어 삼원계 대신 LFP 배터리를 채택하는 완성차 업체들이 늘어나면서 삼원계에 집중했던 국내 시장의 어려움이 가중되는 형국이다.

설상가상으로 2024년 8월 수도권 아파트 지하 주차장 화재 사건으로 소비자들의 전기차 기피증이 심화되는 분위기다. 일부 아파트 단지에서는 전기차 진입을 제한하려는 움직임마저 보이고 있어 전기차 시장 수요가 언제쯤 회복될지는 쉽사리 예측할 수 없는 상황이 됐다.

실제 2023년 이차전지 투자 열풍 속에 여러 사모펀드가 에코프로를 포함한 관련 기업에 투자를 단행했다. 2024년 현시점에서 상당수 사모펀드는 투자금 회수 시점을 쉽사리 내다보기 어려워졌다. 2024년 이차전지 섹터 대세주로 등극한 엔켐 정도만이 1년 만에 투자자들에게 큰 과실을 안겨줬을 뿐이다. 이제 이차전지를 향한 뜨거웠던 투심은 차가워졌다.

믿었던 이차전지 투자 아이디어가 수포로 돌아가면서 2024년 사모펀드 관계자들이 눈을 돌린 곳은 반도체. LP 출자 담당자는 "최근 운용사들이 투자 제안을 넣는 섹터 중 단연 가장 큰 비

중을 차지하는 곳이 반도체다"라고 말할 정도로 반도체 투자가
불붙은 형국이다.

앞서 언급했던 것처럼 반도체 밸류체인은 우리나라를 지탱하
는 산업군이다. 반도체 서플라이 체인에 속한 기업들은 이미 사모
펀드 업계와의 인연이 깊다. 크레센도에쿼티파트너스의 HPSP,
LX인베스트먼트-엠캐피탈의 에스에스피, 한앤컴퍼니의 SK엔펄
스 파인세라믹스 사업부, 헬리오스프라이빗에쿼티의 ISC 등 하
나하나 열거하기 어려울 만큼 많은 업체가 사모펀드 산하에 편입
됐다. 이 가운데 2023년 헬리오스프라이빗에쿼티는 ISC를 SKC
에 매각했다.

2024년에도 국내 사모펀드인 이상파트너스가 코리아인스트
루먼트 인수를 진행 중이다. 코리아인스트루먼트는 국내 프로브
카드 1위 업체로 이상파트너스는 1,500억 원으로 경영권을 사올
예정이다. 프로브카드는 반도체 작동 유무를 체크할 때 사용되
는 부품인데, 반도체 쓰임이 늘고 있어 향후에도 안정적으로 매
출이 늘어나는 사업구조로 분석된다. 같은 해 국내 굴지 그룹사
인 두산이 계열사 두산테스나를 통해 시스템 반도체 후공정 업
체인 '엔지온' 인수를 마무리했다.
SKC는 반도체 계열 자회사인 SK엔펄스 매각을 추진하고 있는

데, SK그룹의 리밸런싱 일환으로 해석되는 M&A다. 반도체 섹터 기업 밸류에이션이 후한 평가를 받고 있는 2024년을 매각 적기로 판단한 것으로 보인다. 이미 복수 사모펀드가 인수에 관심을 보이고 있어 2024년 중 추가 반도체 M&A 사례가 될 가능성이 엿보인다.

반도체에 투자자들의 관심이 몰리는 이유는 분명하다. 반도체 수요가 급증하는 슈퍼사이클에 맞물려 반도체 섹터 성장 전망이 밝기 때문이다. 또한 AI 서비스 상용화가 가시화되면서 이를 소화할 고성능 컴퓨팅 인프라가 지속적으로 필요하다. 그리고 고성능 컴퓨팅을 위해선 더 많은 반도체와 더욱 높은 성능을 내는 반도체가 필요하다. 이런 이유로 글로벌 기업들도 경쟁적으로 데이터센터 관련 인프라를 보강하고 있다.

덕분에 엔비디아를 필두로 반도체 관련 종목들의 주가는 기록적인 상승 폭을 보였다. 엔디비아 등 고객사의 주문을 받아 칩셋을 제작하는 TSMC는 물론이고, 엔비디아에 HBM3E를 공급하는 SK하이닉스도 대표적인 AI 수혜주로 주목받고 있다.

AI 발 훈풍은 반도체에만 국한되지 않는다. AI를 가동하기 위해서는 고성능 컴퓨팅 성능이 요구되는데, 고성능 컴퓨팅에는 그에 비례해 전기 소모량도 많아진다. 결국 AI 인프라를 지탱하기 위한 대규모 전력 설비가 필수적이기 때문에 전력 공급망 관련 기업들의 주가도 덩달아 상승 중이다.

앞서 수년간 부진에 빠졌던 메모리 반도체 수요 역시 다시 증가세로 돌아선 상황이다. 반도체 재고 물량은 줄어들었고, 공급보다 수요가 커지면서 단가도 상승세다. 물론 이번 사이클이 언제 정점에 도달할지는 장담할 수 없다. 글로벌 IB에서는 반도체 사이클이 정점에 가까워지고 있다는 리포트를 내면서 고점에 대한 전망이 엇갈리고 있다.

반도체 사이클은 밀물과 썰물을 반복한다. 이미 국내 많은 투자자가 반도체 사이클 업다운(고점 후에 저점이 오고, 저점 후에 고점이 돌아오는 순환을 반복)을 목격했다. 투자자들도 이 사실을 잘 알고 있다.

당장 반도체 사이클이 하향세에 접어든다면 기업 가치가 인수 당시보다 낮아질 가능성을 배제할 수 없다. 그럼에도 불구하고 투자자들 사이에선 업황의 높낮이가 있을지언정 반도체 산업에서 꾸준한 실적 성장이 가능할 것이란 믿음이 깔려 있다. 반도체는 AI로 대표되는 디지털 시대의 '쌀'과 같기 때문이다.

반도체 관련 투자 정보를 접하기 쉽다는 점도 사모펀드가 반도체 투자에 관심을 갖는 배경으로 파악되는데, 투자 정보가 풍부하다는 게 골자다. 글로벌 D램 생산기업인 삼성전자와 SK하이닉스를 중심으로 밸류체인 곳곳에 정보원들이 있다는 점은 큰 이점이다.

한 LP 담당자는 "반도체 투자의 경우 이전부터 투자를 검토했던 경험이 많고 반도체 업계 곳곳에서 정보를 얻을 수 있는 관계자들이 있다"라며, "타 섹터 대비 투자 이해도가 높다는 점에서 투자 안정성이 높다는 강점이 있다"라고 말했다.

반도체 밸류체인에 투자한 사모펀드 운용역의 반응도 비슷하다. 그는 "신산업처럼 폭발적인 기업 가치 성장을 기대하긴 어려울 수 있더라도 향후 수년간 반도체 시장이 꾸준히 성장할 것으로 본다"라며, "적어도 잃지 않는 투자를 통해 LP들에게 적정 수익률을 안겨다 줄 수 있다고 본다"라고 피력했다.

12

K-푸드 열풍에
프랜차이즈 재평가

우리가 흔히 접할 수 있는 소비재 가운데서 꽤 많은 브랜드가 알고 보면 사모펀드 소유다. 사모펀드와 우리는 큰 관계가 없다고 느낄 수 있겠지만, 사실 알고 보면 실생활 속 곳곳에서 사모펀드와의 접점을 찾아볼 수 있다.

사모펀드가 다수의 투자를 집행한 섹터 가운데 대표적으로는 식품 섹터가 있는데, 특히 2024년 사모펀드 시장에는 식품 투자의 바람이 다시 불고 있다. 세계적으로 'K-푸드' 신드롬이 생겨날 정도로 국내 식품에 대한 세계적인 주목도가 높은 상황이기 때문이다.

K-푸드 열풍에 편승하려는 스마트 투자자들은 재빠르게 투

자처를 물색하고 있다. K-푸드를 이끄는 주체는 엄밀히 따지자면 불닭볶음면과 같은 완제품을 만들어 파는 삼양 등의 식품기업이라고 볼 수 있다.

우리가 길거리에 쉽게 볼 수 있는 식음료F&B 프랜차이즈와는 거리가 있을 수 있다. 하지만 프랜차이즈 역시 같은 식품 섹터에 포함되며 K-푸드 영향권에 들어가며, 실제 사모펀드들의 투자가 활발하게 이뤄지는 분야이기도 하다. 이번 장에서는 프랜차이즈와 식품기업들을 한데 묶어 K-푸드 후광을 노린 사모펀드 식품 투자를 살펴보고자 한다.

두 비즈니스 모두 사람이 먹고 마시는 식음료를 취급한다는 공통점은 있다. 프랜차이즈 사업은 매장을 늘려 실적을 일으키는 구조를 갖고 있지만, 식품 완제품을 국내외에 공급하는 식품기업과 비즈니스 모델에서 차이를 보인다.

'프랜차이즈 밸류업 기준점' MBK의 bhc 투자

사모펀드가 주도하는 식품 투자 가운데 표준과 같은 투자를 찾자면 MBK파트너스의 bhc 인수를 꼽을 수 있다. MBK파트너스는 2018년 박현종 전 bhc그룹 회장과 엘리베이션에쿼티파트너스가 로하틴그룹으로부터 bhc를 인수할 당시 FI로 참여했다.

MBK파트너스는 온타리오교직원연금과 컨소시엄을 꾸려 약 1,500억 원 규모 전환사채[CB]에 투자하는 구조였다. 당시 인수전의 거래 규모는 에쿼티, CB, 인수금융을 합쳐 6,800억 원 수준이었다. FI 진영이 bhc를 인수하기 위해 설립된 특수목적법인 '글로벌레스토랑그룹'이 bhc그룹을 지배하는 형태가 됐다.[3]

2020년 MBK파트너스는 CB를 상환전환우선주[RCPS]로 전환한 뒤 이를 다시 보통주로 바꿨다. 또한 엘리베이션에쿼티파트너스가 보유 지분을 매각하자 MBK파트너스 측은 4,200억 원을 또다시 투입했다. 결과적으로 MBK파트너스와 온타리오교직원연금 컨소시엄 측 지분율은 59%로 늘어났다.

이때 지분구조가 크게 변화했다. MBK파트너스 컨소시엄이 SPC 지분 59%를 쥔 최대 주주로 올라선 동시에, 또 다른 캐나다 소재 연기금이 FI로 투자하면서 지분 32%를 쥐었다. 여기에 기존 bhc 인수에 참여했던 박 전 회장 측 지분 9%를 확보했다. 결과적으로 박 전 회장 측에서도 450억 원을 재투자했으나 지분율은 11%에서 9%로 떨어졌다.

---

[3] 참고 자료 : 딜사이트 〈MBK파트너스, bhc '과감한 베팅' 성과는?〉 https://dealsite.co.kr/articles/88670

메자닌 투자자로 머물렀던 MBK 측이 보통주를 대거 확보하면서 기존 주주 지분율이 희석됐고, 자금력을 갖춘 FI들이 수천억 원 규모의 재투자까지 단행한 결과였다.

2020년 bhc는 지주사 글로벌고메이서비스를 지주사로 세웠다. 글로벌고메이서비스는 기존 SPC인 글로벌레스토랑그룹을 합병하면서 bhc그룹을 100% 지배한다. bhc그룹은 치킨 프랜차이즈인 bhc뿐만 아니라 각종 프랜차이즈를 볼트온 M&A로 흡수하고 있다.

앞서 2014년에 창고43, 2016년에 큰맘할매순대국을 사들였고 2021년에는 아웃백스테이크하우스를 볼트온 M&A로 사왔다. 미국 수제버거 프랜차이즈 슈퍼두퍼도 그룹 산하로 편입됐다. bhc그룹은 몸집을 부풀리면서 종합 외식업 기업으로 성장 중이다.

MBK파트너스는 지주사를 중심으로 몸집을 불리면서도 각 브랜드 경영을 효율화하면서 기업 가치를 끌어올리고 있다. 2024년에는 그룹 산하 자회사 법인명을 모두 bhc로 통합하는 안건을 통과시켰다. 그간 그룹 산하의 각 브랜드는 각기 다른 이름의 자회사로 운영돼 왔다. 예를 들면 창고43 법인명은 '부자되세요', 큰맘할매순대국은 '보강엔터프라이즈', 슈퍼두퍼는 '슈퍼두퍼코리아' 등으로 차이가 있었다.

MBK와 박 전 회장과의 갈등으로 박 전 회장이 bhc 회장직에서 해임되는 등 잡음이 있었지만, 그럼에도 불구하고 MBK파트너스 등 최대 주주 진영에서는 외식기업 인수 후 볼트온 M&A를 통한 기업 가치 제고 전략을 착실히 수행하고 있다. 2018년 MBK파트너스 측이 처음으로 bhc그룹에 투자할 당시 기업 가치는 6,800억 원 정도였지만 지금은 2조 원 이상을 넘긴 것으로 추산된다.

'K-푸드' 인기에 투자자들 몰린다

'K-푸드', 'K-뷰티' 등 한국산 소비재들이 세계적인 인기를 끄는 데는 여러 요인이 있을 것이다. 실제 불닭볶음면을 필두로 한 K-푸드 인기는 신드롬 수준으로 뜨겁다. 2024년에는 덴마크 정부가 삼양식품의 핵불닭볶음면 3×스파이시, 핵불닭볶음면 2×스파이시, 불닭볶음탕면 등을 현지에서 리콜 조치했다. 너무 매운맛으로 소비자 건강을 위협할 수 있다는 결론을 내렸기 때문이다.

덴마크 정부의 리콜 결정은 오히려 불닭볶음면을 띄워 주는 세계적인 마케팅 수단이 됐다. 이 사실이 외신 유력 매체에 보도되면서 온라인에서 불닭볶음면 검색이 크게 늘었다. 이후 덴마크 정부는 리콜을 통보한 세 개 제품 중 두 개 제품에 대해서는 판매를 재개했다.

아이돌 그룹, 드라마와 같은 한국산 콘텐츠를 접한 해외 소비자들이 한국산 제품을 직·간접적으로 접하면서 해외 시장 수요가 증가한 것으로 풀이된다. 이는 BTS 멤버 지민이 SNS에서 불닭볶음면을 먹는 모습이 노출되면서 불닭볶음면이 선풍적인 인기를 끌었다는 사실에서도 드러난다.

다만 사모펀드가 식품기업을 직접 인수하는 사례는 생각보다 많지 않았는데, 인지도가 높은 식품기업에 메자닌 투자나 소수 지분 투자자로 등판하는 수준이다. 식품기업보다도 인수 기회가 열려 있는 건 프랜차이즈다.

2024년에도 상당수 투자 사례를 찾아볼 수 있지만, 사실 사모펀드 업계에서 식품 투자는 환영받는 섹터가 아니다. 2010년 전후로 프랜차이즈 M&A 바람이 불었지만 많은 투자 건이 기대만큼의 성과를 내지 못한 탓이 컸다. 국내 유명 식품기업들마저 투자자들 사이에선 좋은 기억을 안겨주지 못했다는 평가를 받는다. 혹자는 식품 섹터를 두고 '사모펀드들의 무덤'이라는 평가를 내놓았다.

과거 모건스탠리프라이빗에쿼티가 인수했던 '놀부'도 대표적인 투자 사례였다. 놀부는 놀부부대찌개로 유명한 업체로 브랜드 파워가 상당했던 곳이다. 모건스탠리프라이빗에쿼티는 2011년 1,114억 원을 들여 놀부 지분 100%를 확보했다. 피인수 후 놀부는 가시적 성장을 달성하지 못했다. 2018년부터는 꾸준히 영업손실을 이어왔고, 결국 2022년 지분 57%를 NB홀딩스컨소시엄에 200억 원에 매각하며 경영권을 내주면서 모건스탠리프라이빗에쿼티에게는 아픈 손가락으로 남게 됐다.

다수 투자는 실패로 끝났지만 UCK파트너스의 '공차' 인수는 국내 M&A 시장의 대표적인 프랜차이즈 투자 성공 사례로 남아 있는데, 대만에 본사를 둔 공차코리아를 인수한 후 대만 본사까지 역인수한 케이스다. UCK파트너스는 2014년 공차코리아를 사들여 경영 시스템을 대폭 손봤다. 2016년에는 대만 본사 경영권까지 역으로 사들였다. 2019년 티에이어소시에이트에 공차코리아 지분을 전량 매도하면서 3,500억 원을 벌어들였다. 투자 원금 대비 6배가 늘어난 금액이었다.

물론 사모펀드와 LP 관계자들 상당수는 F&B 투자에 냉랭한 시선을 보낸다. "F&B 투자는 안 한다"라고 잘라 말하는 LP 출자 담당자들도 적잖다. 그러나 잠재 M&A 매물들이 없는 것은 아니다. 오히려 2024년에도 거래는 제법 활발하게 이뤄지고 있다. 제2의 식품 투자 열풍이 불지 두고 볼 만하다.

2023년까지 매각을 추진했다가 순연된 맘스터치를 비롯해 큐캐피탈파트너스의 노랑통닭, 프리미어파트너스의 메가커피, UCK파트너스의 테라로사 등이 추후 경영권 손바뀜이 있을 것으로 전망되는 곳들이다.

2024년 8월에는 '요거트아이스크림의 정석(요아정)'이 삼화식품공사와 신생 사모펀드 제이앤드파트너스 연합군에 인수됐다. 요아정은 탕후루에 이어 젊은 소비자층 사이에서 선풍적인 인기를 끌고 있는 프랜차이즈다. 또 해외 SI인 '졸리비'가 컴포즈커피 대주주로 등극했는데, 엘리베이션에쿼티파트너스가 졸리비 우군으로 참전해 투자금을 공급했다.

어펄마캐피탈은 장기 투자 포트폴리오였던 MFG코리아를 임마누엘코퍼레이션에 팔았는데, MFG코리아는 '매드포갈릭' 운영사다. 조금 더 앞서서는 2023년에 UCK파트너스가 '설빙'을 인수했다. MZ세대에 선풍적 인기를 끄는 런던베이글뮤지엄도 IB업계에선 잠재 M&A 매물로 주목받았다.

2024년 어펄마캐피탈이 매각 추진 중인 성경식품은 프랜차이즈가 아닌 식품기업 딜에 속한다. 성경김으로 유명한 성경식품은 '빅3' 김 생산 업체로 꼽히는데, 해외에서의 김 열풍에 힘입어 인수자들이 몰려들었다는 설명이다. 마찬가지로 K-푸드의 후광을 받아 보다 후한 밸류에이션이 부여된 것으로 보이며, 2024년 9월 기준 본입찰을 앞두고 있다.

농심도 K-푸드 인기에 편승했다. 농심은 2024년 8월 교환사채[EB] 1,600억 원을 발행해 자본시장에서 투자금을 모집하고 있는데, 현 주가 대비 웃돈을 얹은 개념인 할증 15%를 내걸었다.

또 일명 '빵빵채권'을 조건으로 앞세웠다. 표면 이자율과 만기 이자율이 모두 0%인 채권을 말한다. 빵빵채권은 2020년대 초반 저금리 시대에 인기를 끌었던 채권 발행 구조다. 보통주 전환 외에는 투자자가 수익을 올릴 방법이 없어 투자자가 짊어질 부담이 상당하다. 그만큼 발행사가 향후 주가 상승에 자신감을 보인 것으로 해석된다.

만약 보통주 전환청구로 자본 차익을 취하지 못한다면 투자자는 만기 후 발행사로부터 채권 투자금을 상환받는다. 이때 발행사는 이자 한 푼 주지 않고 투자 원금만 돌려주면 된다. 무이자 대출이나 다름없는 셈이다.

추가적으로 농심 투자자는 수수료까지 1% 부담할 전망이다. 100만 원을 투자하면 1% 수수료까지 더해 101만 원을 지불하는 구조다.[4] 수수료는 채권 발행과 거래 과정에서 발생하는 각종 제반 비용을 말하는데, 발행사나 주관사인 금융사가 부담하기도 하고 투자자가 부담하기도 한다. 다만 투자자가 수수료를 지급한다

---

4 참고 자료 : 더벨 〈'발행사 우위 구도' 수수료 부담하는 하이브·농심 FI〉 https://www.thebell.co.kr/free/content/ArticleView.asp?key=202409020904166680104867

는 건 그만큼 투자처가 매력적이란 방증이다. K-푸드의 인기가 투자 조건에도 직접적으로 영향을 끼치는 것이다.

M&A 거래는 아니었지만 K-푸드의 수혜를 기대하는 사모펀드는 또 있다. 2023년 9월 하일랜드프라이빗에쿼티와 키움프라이빗에쿼티가 풀무원에 1,000억 원 영구채 투자를 했는데, 일부 영구채에 대해 보통주 전환 청구가 가능한 투자 1년이 도래했다. 풀무원 주가는 2024년 들어 크게 뛰었으나 전환 청구 기간을 앞두고 다소 힘이 빠졌다. 영구채 발행 당시 전환가 수준에 머무르고 있다. 다만 주가가 전환가 수준인 만큼 주가 업사이드에 따라 보통주 전환 청구 후 블록딜 가능성은 충분히 남아 있다.

K-푸드 인기에 힘입어 식품 섹터가 다시 사모펀드 업계 '대세'로 자리 잡을지는 지켜봐야 한다. 2024년에도 꽤 활발한 거래가 있었지만 빅딜은 없었다. 요아정 M&A는 거래 규모가 400억 원으로 사모펀드 업계에서는 스몰딜에 속하는데, 요아정이 갖고 있는 화제성에 비하면 생각보다 작은 딜 규모였다. UCK파트너스의 설빙도 인지도가 높았지만 인수 금액(1,350억 원)만 놓고 본다면 빅딜로 보긴 어렵다.

사조그룹이 2024년 VIG파트너스로부터 식자재·위탁 급식 업체 '푸디스트'를 2,520억 원에 인수한 것이 딜 규모로 보면 수

위권이었다. 다만 푸디스트의 성격이 B2B 대상 식자재 유통 업체라는 점에서 앞선 케이스와 동일선상으로 놓기엔 괴리감이 없지 않다.

대형 매물이라고 볼 수 있는 곳은 맘스터치다. 2023년 매각 타진 당시 맘스터치는 시장에서의 매각가가 6,000억~7,000억 원 정도가 거론됐다. 그러나 당시 매각이 무산되면서 추후 매도가가 어느 수준에서 형성될지는 불투명하다.

앞으로 이어질 엑시트 성과가 K-푸드 투자 인기를 좌우할 요소이며, 여전히 해당 섹터는 난이도가 높다. 또한 당장 인기가 있다고 해서 3년 후, 5년 후에도 인기가 이어지리라는 법도 없다. 소비자들의 취향과 시장 트렌드는 시시각각 변하기 때문이다. 인기 있던 프랜차이즈 매장이 하루아침에 손님이 뜸해지는 사례도 적잖다. 인수자로선 통제할 수 없는 변수가 있는 것이다.

F&B 업체를 인수한 사모펀드 대표는 "국내에서 매장을 크게 늘리고 해외로도 진출해 매출을 늘려 성장하겠다는 순진한 성장 플랜을 곧이곧대로 믿어주는 LP는 없다"라며, "투자 당시보다 기업 가치를 확실하게 끌어올릴 수 있는 플랜이 없다면 투자금을 모을 수 없다"라고 말했다.

13

'현금 곳간' 폐기물, 식지 않는 인기

영화 〈어벤져스〉 속 악당 타노스는 우주 곳곳을 누비며 돌을 모은다. 타노스는 강력한 힘을 준다는 돌을 모아 그 힘을 바탕으로 인류의 절반을 없애겠다고 말한다. 그가 인류 절반을 없애고자 하는 이유는 명확하다. 인간 때문에 환경이 망가졌고, 이 환경을 깨끗하게 되돌리기 위해 인류의 수를 줄이겠다는 것이다. 그는 우리가 좋아하는 아이언맨과 스파이더맨 등을 곤경에 빠뜨리지만, 매력적인 악당임에는 분명하다. 다소 과격한 그의 논리에 우리가 어느 정도 공감하기 때문일 것이다.

영화 속 주요 악당이 지적할 정도로 인간은 환경 파괴의 주범이다. 우리는 하루도 빠짐없이 쓰레기를 만들어 낸다. 가정 단위로 보면 생활 쓰레기부터 음식물 쓰레기 수준이겠지만, 기업과 산업으로 넓혀 보면 어마어마한 쓰레기를 배출한다. 한국폐기물 협회에 따르면 지난 2015년 1억 5,678만 톤이었던 국내 폐기물 발생량은 지난 2022년 기준 1억 8,645만 톤까지 증가했다. 대형 항공기인 '보잉 747'의 무게가 180톤 정도니, 1억 톤이면 약 50만 대의 보잉 747 무게와 비슷한 셈이다.

쓰레기를 안고 살아갈 순 없는 노릇이니 어떻게든 이 문제를 해결해야만 한다. 최근 전 세계적으로 환경 규제가 강화되면서 폐기물 처리에 대한 수요가 증가하고 있다. 또 폐기물을 처리하는 사업자보다 처리해야 할 폐기물이 더 많다 보니 처리 단가도 장기적으로 상승하는 추세다. 신영증권과 환경부 등에 따르면 국내 폐기물 처리 시장 규모는 약 23조 원에 이를 것으로 예상하고 있다. 문제를 해결한다는 것은 곧 돈이 된다는 뜻이고, 돈이 되는 곳엔 언제나 사모펀드들이 뛰어들기 마련이다.

폐기물을 처리하는 방법은 '말로는' 간단하다. 더러워진 쓰레기를 깨끗하게 만들어 다시 쓰거나, 그게 안 되면 태우거나 땅에 묻는다. 폐기물 산업 가치 사슬은 크게 ① 수집과 운반, ② 재활용과 재처리, ③ 소각, ④ 매립으로 분류되는데, 이 중 소각과 매립의 영업이익률이 각각 10~20%, 20~40%로 높은 편이다. 폐기물 종류는 ① 생활 폐기물, ② 산업 폐기물, ③ 건설 폐기물 등으로 나뉜다. 사모펀드들은 전체 가치 사슬에 모두 관여하는 종합 폐기물 업체부터 소각장과 매립장만 보유한 업체까지 다양하게 사들이고 있다.

제이엔텍부터 에코비트까지 줄줄 잇는 폐기물 딜

올해 폐기물 기업 인수 신호탄을 쏘아 올린 사모펀드는 어펄마캐피탈과 더함파트너스다. 두 운용사는 지난 3월 제이엔텍 인수를 위한 양해각서MOU를 체결하고 인수를 위한 자금 조달에 힘쓰고 있으며, 기업 가치는 5,000억 원 수준에서 논의되고 있다. 2021년 영업을 시작한 제이엔텍은 충남 당진에 위치한 폐기물 매립 업체로, 매립 용량이 634만m^3에 달하며 전국 30여 개 업체 가운데 최대 규모를 자랑한다. 어펄마캐피탈과 더함파트너스는 제이엔텍이 가진 매립지의 희소성과 지리적 이점 등을 높게 평가한 것으로 보인다.

시장 주목도가 가장 높았던 폐기물 기업은 에코비트다. IMM프라이빗에쿼티와 IMM인베스트먼트가 힘을 합쳐 인수해야 했을 정도로 기업 규모가 컸다. 국내 매립 시장 1위 사업자로 기업 가치만 2조 7,000억 원에 달한다. 에코비트는 2021년 태영그룹 계열사인 TSK코퍼레이션과 글로벌 사모펀드인 KKR의 에코솔루션그룹ESG을 합병해 만든 기업으로, 태영그룹 지주사인 티와이홀딩스와 KKR이 지분을 절반씩 갖고 있다. 태영건설 워크아웃으로 떠들썩한 와중에 태영그룹 구조조정의 일환으로 M&A 시장에 나왔다. 이밖에 글로벌 사모펀드인 EQT파트너스도 플라스틱 폐기물 전문 기업인 KJ환경을 1조 원에 인수했다. 젠파트너스 역시 폐기물 중간 처분업체인 창원에너텍 인수를 위한 자금 조달이 한창이다.

사모펀드들이 폐기물 업체에 눈독을 들이는 것은 희소성과 안정적인 현금흐름 때문이다. 쓰레기 매립장이나 소각장은 지방자치단체 허가 없이는 새로 지을 수 없어 신규 업체가 진입하기 어렵다. 어렵사리 지방자치단체의 문턱을 넘어도 지역 주민의 반대 등으로 사업 추진이 쉽지 않다. 이런 가운데 전국적으로 잔여 매립지는 감소하고 있으며, 수도권 매립지는 점점 한계에 도달하고 있다.

국내 최대 폐기물 매립지로 수도권 지역 폐기물 대부분을 담당했던 인천 수도권 매립지도 2025년까지만 운영될 예정이다. 2020년 기준 수도권 매립지에서 처리한 폐기물은 약 250만 톤에 달했다. 이 매립지가 폐쇄되면 신규 매립지나 대체 처리 시설에 대한 수요가 급증할 것으로 예상된다. 신규 진입이 어려운 시장인 만큼, 기존 매립지 사업자들은 안정적인 수익을 보장받게 된다.

　폐기물 매립 산업은 장기 계약을 바탕으로 운영되며, 처리 용량이 채워질 때까지 꾸준히 수익을 창출할 수 있어 인프라성 자산으로 인식된다. 폐기물 처리 단가는 꾸준히 상승하고 있으며, 특히 수도권 지역의 경우 매립지의 희소성으로 인해 수익성이 더욱 높아졌다. 매립 단가 자체는 2020년 기준 톤당 약 24만 원에서 2022년에는 21만 원으로 소폭 하락했지만, 여전히 사업 구조상 안정적인 수익을 창출할 수 있다. 이러한 이유 덕분에 폐기물 기업은 시장에서 높은 가치를 인정받았는데, 평균 멀티플을 1년 상각전영업이익EBITDA의 10배 이상으로 받아냈다. 기업 규모가 가장 큰 에코비트는 EV/EBTIDA가 10배 정도 수준이었지만, 아이에스동서가 E&F프라이빗에쿼티와 함께 지난 2020년 인수한 폐기물 업체 코엔텍은 17배 수준에 거래됐다.

　폐기물 매립지에서 발생하는 에너지를 활용하는 것도 부가 수익이 될 수 있다. 이미 한국에서는 폐기물 매립지에서 발생하는 메탄가스를 이용해 연간 약 1,200GWh의 전력을 생산하고 있는데, 이는 약 100만 가구가 1년 동안 사용할 수 있는 전력량에 해당한다. 메탄가스는 온실가스 배출의 주요 원인이지만, 이를 포집해 에너지원으로 활용하면 환경 보호와 경제적 이익을 동시에 달성할 수 있다.

젠파트너스가 인수하려는 창원에너텍은 사업장 폐기물을 소각하는 것은 물론, 이 과정에서 발생하는 폐열 스팀을 판매하기도 한다.

LP 입장에서도 폐기물은 우량 투자처다. 고금리가 일상화된 상황이어서 매력도가 떨어진다 해도 수익률 제고를 위해 대체투자를 포기하긴 어려운 상황이다. 특히 부동산 PF로 출자하기 어려운 상황에서 투자처 발굴은 필수적이다. 이런 상황에서 사모펀드들이 현금흐름이 안정적이고, 진입장벽이 공고한 기업을 들고 온다면 쌍수를 들고 환영할 수밖에 없다. LP 역시 포트폴리오를 균형 있게 구성해야 한다. 폐기물 기업은 마치 크레딧 펀드 출자 같은 든든함을 주며, 무엇보다 향후 수익에 대한 예측 가능성이 높다는 점도 매력적이어서 출자에 대한 부담을 덜어준다.

폐기물 업체들은 코로나 시대에 SK 등 대기업의 공격적인 투자로 높은 멀티플로 인수되며 많은 관심을 받고 있지만, 투자 위험 또한 존재한다. 특히 폐기물 업체는 부동산 경기에 영향을 많이 받는데, 현재 부동산 경기가 주춤한 상황에서 발전 가능성을 높게 판단하기 어렵다는 의견이 있다. 또한, 높은 가격으로 인수된 만큼 오버페이 우려가 있으며, 이러한 이유로 향후 엑시트가 쉽지 않을 수 있다는 점이 투자 위험으로 지적되고 있다. 너무 급하게 인기가 치솟아 경계하는 시선도 있는데 특히 사모펀드 운용사가 한 번 인수했던 매물은 인수를 꺼리는 분위기도 더 크다. 사모펀드 운용사가 이미 기업 가치 개선 작업을 충분히 진행했을 경우, 더는 수익성을 강화하기 어려울 것이란 이유에서다.

환경 규제 강화로 예상치 못한 비용이 발생해 수익성이 악화할 수 있다는 의견도 있다. 2021년엔 폐기물 처리 시 발생하는 오염물질의 배출을 규제하는 법안이 개정돼 더 엄격한 배출 기준이 적용됐고, 이에 따라 폐기물 처리 업체는 추가적인 지출이 불가피했다. 또 강화된 규제는 매립지 운영에 필요한 시설과 기술을 개선해야 하기 때문에 운영 비용도 증가시킨다.

예컨대 폐기물 처리 과정에서 발생하는 메탄가스의 배출을 줄이기 위해 추가 처리 설비를 구축해야 한다거나, 규제를 위반해 벌금이나 과태료가 부과되는 식이다. 위반 수준이 심할 경우 매립지 운영 허가가 취소될 위험이 있다. 실제로 환경 오염이 발생할 경우, 매립지 운영 업체는 막대한 비용을 부담한다. 지난 2020년 한 매립지에서 오염수가 지하로 유출돼 해당 업체가 500억 원 이상의 손해배상을 요구받은 사례도 있었다.

기술 발전이 폐기물 처리 업체 존립 자체를 위협할 여지도 있다. 폐기물 처리 기술이 고도로 발전해 매립지의 필요성을 줄이거나, 완전히 대체할 가능성도 있기 때문이다. 최근 몇 년간 소각 기술과 재활용 기술의 급속한 발전은 폐기물 처리 방식에 혁신을 가져왔다. 예컨대 폐기물을 고온으로 소각해 에너지를 회수하는 폐기물 에너지화 기술은 매립지의 필요성을 줄이는 대안으로 떠오르고 있다.

한국의 주요 대기업들은 2021년에만 폐기물 에너지화 시설에 약 1조 원 이상을 투자해 새로운 처리 시설을 구축했으며, 이는 매립지 의존도를 줄이기 위한 전략으로 해석된다. 소각이나 재활용을 통해 처리할 수 없는 폐기물만 매립지로 보내는 경향이 짙어지다 보니, 매립지의 역할은 상대적으로 축소될 수 있다. 전 세계적으로 폐기물 재활용률을 높이기 위한 정책이 강화되고 있고, 한국도 2025년까지 재활용률을 70% 이상으로 높이겠다는 목표를 세우고 있다. 이러한 정책과 기술적 발전은 장기적으로 매립지 운영에 영향을 미칠 수 있으며, 기존 매립지 사업자들에게는 새로운 도전 과제가 될 수 있다.

물론 이러한 투자 위험 요소에도 사모펀드 업계에서는 폐기물 산업이 앞으로도 꾸준한 성장할 것이라는 시선이 지배적이다. 100세 시대의 도래와 도시 집중화로 인해 폐기물 발생량이 증가하고 있으며, 이에 따라 폐기물 문제도 더욱 심화되고 있다. 고령화로 의료 폐기물과 생활 폐기물이 증가하고, 도시 지역의 높은 인구 밀도로 인해 가정 및 상업 폐기물 또한 크게 늘어나고 있다. 이러한 인구 구조 변화와 도시화는 폐기물 처리 시스템에 큰 부담을 주어 지속 가능한 관리 방안의 필요성을 강조하고 있다.

국제적으로도 폐기물 관리는 주요한 관심사 중 하나다. 유럽연합EU과 같은 선진국에서는 폐기물 처리와 관련된 규제를 강화하고 있으며, 한국을 포함한 아시아 국가들에서도 폐기물 처리 인프라에 대한 투자와 기술 협력을 통해 글로벌 시장으로 확장할 가능성이 크다. 2020년 SK에코플랜트가 EMC홀딩스를 인수하면서 폐기물 처리 시장에 진출한 것처럼, 글로벌 기업들이 폐기물 매립 및 처리 시장에서 기회를 찾고 있는 상황이다.

폐기물 공룡 SK에코플랜트 주춤 영향도…

사모펀드는 M&A 시장에서 주요한 플레이어지만, 국내 대기업 역시 그들 못지않게 M&A 시장에 활발히 참여한다. SI 역할을 하는 대기업들은 사세 확장이 필요할 때 M&A 전략을 구사한다. 이는 빠르게 변화하는 시장에서 뒤처지지 않기 위한 전략 중 하나다. 특히 빠르게 기업의 노선을 바꿔야 할 때 M&A만 한 전략이 없다. 새 시장에 뛰어는 들어야겠지만, 처음부터 시작하자니 너무 늦었다고 판단되면 대기업들은 비싼 돈을 주고서라도 적극적으로 M&A 전략을 편다. 폐기물 시장도 건설 대기업들이 주목한 분야 중 하나였다.

그중에서도 SK그룹은 폐기물 시장 진출에 적극적이었다. 옛 SK건설은 건설사에서 종합 환경기업으로 노선을 바꾸기 위해 사명도 SK에코플랜트로 바꿔 달았다. 이에 맞게 여러 환경 관련 기업들을 인수하기 시작했다.

SK에코플랜트는 첫 M&A에 나선 지 2년도 안 돼 10여 개에 달하는 폐기물 사업장을 인수했다. SK에코플랜트 등장 시점을 정점으로 폐기물 시장 성장세가 주춤했고, 처리 단가도 떨어지며 수익성이 꺾이기 시작했다. 시장에선 SK에코플랜트가 단순 건설사가 아닌, 환경 기업으로 변모해 기업 가치를 높게 책정받기 위해 무리한 전략을 폈다고 평가하기도 했다.

폐기물 '공룡' SK에코플랜트 역시 SK그룹의 리밸런싱 기조를 벗어나기 어려웠다. 인수는 고사하고, 이미 들고 있던 기업도 매각하기 시작했다. 회사 측은 약 800억 원을 투자했던 미국 폐배터리 리사이클링 기업 지분을 매각한다고 밝히면서 유동성 확보와 재무 기반 제고 의지를 밝히기도 했다. 공룡이 주춤하자 사모 펀드들이 다시 전면에 등장하기 시작했다.

사모펀드들이 SI와의 가격 경쟁에서 우위를 점하기란 쉽지 않다. SI는 기업 전체의 대의를 위해 다소 비싸더라도 인수에 초점을 두는 경향이 강하기 때문이다. 시장에선 SK에코플랜트가 과거 사모펀드들로부터 사들였던 폐기물 업체를 다시 내놓을 가능성도 점치고 있다. 한 차례 폐기물 업체를 매각했던 사모펀드들도 경쟁 금지 계약 기한이 만료되면, 폐기물 기업을 다시 인수할 수 있게 된다.

14

전기차 캐즘에
다시 보는 자동차 부품사

영국 유명 오디오 업체 린프로덕트는 2010년 CD플레이어 생산을 중단했다. 아이폰 혁명으로 핸드폰 속으로 MP3 플레이어 기능이 포함되면서 존재 가치를 잃었다고 판단한 탓이다. 반면, 오디오 애호가들은 CD의 음질이 LP보다 100배나 우수하고, 음원 스트리밍 서비스의 품질이 낮다는 점을 지적하며 CD 플레이어의 영속성을 주장했다. 그러나 음원 스트리밍 서비스가 처음으로 등장한 이래 CD 플레이어가 시장에서 퇴출하기까지는 5년이 채 걸리지 않았다. 기술 혁명이 이전 사업을 대체하는 창조적 파괴가 음원 시장에서 나타났다.

사람들은 테슬라 혁명이라 불리는 전기차 시장의 등장에 환호하며 내연차 시대의 종언을 선언했다. 미래 친환경차가 가격과 효율성 면에서 점차 개선되고, 세계 각국이 탄소중립(넷 제로)을 위해 내연기관 자동차 판매를 금지하는 법안을 앞다퉈 내놓고 있어서다. 유럽의회는 2035년부터 내연차를 팔 수 없게 하는 법안을 2023년에 통과시켰다. 중국 역시 중국자동차공업학회를 통해 2035년부터 내연차 판매를 중단한다고 2020년에 발표했다. 현재 중국에서 판매되는 자동차 중 전기차 비율은 약 50%에 달한다.

전기차가 우리의 이동 수단을 바꿔 놓고 있다. 주유소는 문을 닫고, 그 자리에 전기차 충전소가 자리 잡는다. 아파트 주차장 내에는 전기차 충전기를 손쉽게 찾아볼 수 있고, 택시를 타면 전기차가 대다수다. 테슬라는 전기차를 넘어 혁신의 브랜드로 소비되고 있으며, 포드와 제너럴모터스, 현대차 등이 내연기관차 생산 중단 계획을 속속 발표했다. 이제 내연차의 퇴장은 기정사실이 됐다는 게 중론이었다.

그러나 최근 전기차 캐즘(대중화 전 일시적 수요 침체)이 자동차 시장을 강타하며 대혼돈에 빠졌다. 충전 인프라, 충전 속도, 주행거리, 안정성, 가격 등 부정적 이슈에서 벗어나지 못하며 전기차 소비가 빠르게 둔화했다. 특히 가격이 문제다. 지정학적 리스크의 확대로 원자재 가격이 치솟아 이차전지의 판매가격이 빠르게 높아지면서 전기차 캐즘을 유발했다. 세계 정부도 내연기관 종식을 차일피일 미루고 있다. 영국 정부는 당초 2030년으로 설정한 내연기관 자동차 판매 금지 시기를 5년 늦추기로 했다. 미국 역시 전기차 비중 줄이기에 동참했는데, 2032년까지 판매되는 승용차 중 전기차(하이브리드 포함) 비율을 56%로 한다는 새로운 규제를 발표했다. 현재 미국 신차 중 전기차 비율은 약 17%다. 초안 기준 목표치는 '2030년까지 67%'였는데, 목표 시점은 늦추고 비율은 낮췄다.

도널드 트럼프가 당선되면서 '트럼프 2.0' 시대가 도래하자, 전통적인 지지층인 내연기관 자동차 산업이 기반을 이루는 러스트벨트에 유리한 정책들이 늘어날 것으로 예상되고 있다. 또한 선거에서 중요한 역할을 한 일론 머스크 덕분에 전기차 지원 축소가 기존보다 완화될 가능성이 커지면서, 자동차 부품 업체들은 전기차와 내연차 모두에서 호재를 맞이하게 되었다.

트럼프가 재선에 성공하면서 반대급부로 내연기관 자동차 산업의 회복을 촉진할 수 있다. 결과적으로 전기차의 수요는 약간 둔화할 수 있지만, 전체 자동차 수요는 견조할 것으로 관측된다. 특히, 내연기관 자동차의 생산과 판매가 다시 늘어날 가능성이 크다.

글로벌 완성차 기업들도 전기차 생산 목표 수정에 나섰다. 도

요타는 2026년 전기차 판매 목표를 150만 대에서 100만 대로 낮췄다. 볼보는 2030년부터 모든 차량을 전기차로 팔겠다는 계획을 전면 철회했다. 제너럴모터스^{GM}는 2025년 전기차 100만 대를 생산한다는 목표를 접었고, 포드는 대형 전기 스포츠 유틸리티 차량^{SUV} 프로젝트를 취소했다.

전기차와 내연차의 공존 장기화는 자동차 부품 분야 투자에 큰 기회를 제공한다. 전기차 공급으로 내연기관 부품사들의 기업 가치가 크게 떨어진 상황에서 내연기관 매출이 수년간 안정적으로 발생하면 기업 가치 제고가 가능하다. 전기차 부품 기업으로 전환할 시간을 얻으면서도 내연차 판매와 이후 수리 주기까지 고려하면 최소 20년 이상 안정적 성장이 예상된다. 여러 변수에도 LP들이 자동차 부품사에 관심을 가지는 이유다.

자동차 부품 업체, 매력 '재평가'

자동차 부품산업은 자동차를 구성하는 다양한 부품을 설계, 개발, 제조, 공급하는 밸류체인을 의미한다. 엔진, 변속기, 새시, 전장 부품, 안전장치 등 자동차의 핵심 부품을 생산하는 다양한 기업들로 이루어져 있으며, 전체 자동차 산업의 중요한 기반을 형성하고 있다. 국내에서는 현대차, 기아차 등 완성차 기업에 1차,

2차 벤더 등으로 수직 계열화되어 있다. 국내 완성차 기업들이 글로벌 시장에서 경쟁력을 얻으며 국내 자동차 부품 업체들도 동반 성장했다. 2020년 이후 전기차 시장이 폭발적으로 성장하고, 친환경 자동차 기술이 발전하면서 관련 부품에 대한 수요도 급증하고 있다.

다만, 내연기관의 종언이 이어지면서 완성차 부품 업체의 기업 가치는 가파르게 하락했다. 지난 2010년 이후 2015년까지 연평균 5.6%에 달하던 국내 자동차 부품 업계의 성장률이 2016년 마이너스를 기록한 뒤 하락하고 있다. 내연기관 생산 업체는 미래 불확실성으로 기업 가치 하락뿐 아니라 자금 조달에도 어려움을 겪었다. 전기차와 자율주행차 기술의 발전은 기존 내연기관차 부품 수요 감소로 이어지면서 전통적인 부품 업체들은 존폐 위기에 처했다. 대신 각국의 친환경 정책 강화, 탄소 배출 규제 확대, 그리고 신흥 시장의 부상 등은 전기차 관련 부품 수요를 촉진하며 전기차 시장으로 전환한 기업들은 도약의 발판을 마련했다.

그러나 기관투자 업계는 내연기관 부품 업계에 대한 재평가에 대해 진지하게 고찰하고 있다. 자동차 부품 시장이 지속 성장하는 가운데, 내연기관차가 여전히 세계 자동차 시장에서 상당 부분을 차지하고 있다. 이로 인해 내연기관차 부품의 수요는 당분간 유지될 것이다. 특히, 전 세계적으로 자동차 대체 주기가 점차 길어지면서 수리 등을 위해 기존 차량에 대한 부품 공급이 지속될 전망이다.

표 5. 한국 및 전 세계 자동차 부품 시장(2018~2022년)

연도	한국 매출액 (억 달러)	한국 시장 점유율 (%)	연평균 성장률 (CAGR %)	전 세계 매출액 (억 달러)
2018년	96.8	3.1	3.1	2,100
2019년	99.3	3.2	3.2	2,180
2020년	103.0	3.3	3.3	2,200
2021년	110.5	3.5	3.5	2,270
2022년	120.5	3.7	3.7	2,350

출처: Expert Market Research 보고서(2023), Statista, Global Automotive Parts Industry Reports(2023)

국내 자동차 부품 산업은 현대자동차그룹을 중심으로 다수의 중소형 부품 업체들이 생태계를 구성하고 있다. 대표적인 국내 자동차 부품 업체로는 현대모비스, 만도, S&T 모티브 등이 있다. 이들 기업은 전통적인 내연기관차 부품뿐만 아니라 전기차 및 자율주행차 부품 시장으로 사업을 확장하며 적극적으로 체질 전환에 나서고 있다. 특히 전기차 배터리 관련 부품이나 자율주행차를 위한 첨단 센서 개발 등 미래 모빌리티 시장에 대비한 기술 개발에 집중하고 있다.

국내 자동차 부품 사업의 매력 포인트는 크게 세 가지이다.

첫째, 자동차 부품 산업은 수요가 안정적이다. 전기차 시장의

표 6. 주요 한국 자동차 부품 업체

업체명	전문 분야	특징
현대모비스	전기차 부품, 자율주행	현대자동차그룹의 주요 자회사
만도	제동 시스템, 서스펜션	자율주행차 부품에 집중

캐즘 여파에도 내연기관차로 대체 수요가 발생해 오히려 총매출은 증가할 수 있다. 특히, 내연기관차에 필요한 부품의 수요가 안정적으로 유지될 것이다.

미국, 유럽 등이 정책적 측면에서 전기차 비중을 의무화하고 있지만 개발도상국에서는 여전히 내연기관차 의존도가 높으며 향후 지속될 전망이다. 아울러 자동차 대체 주기가 길어짐에 따라 기존 내연기관차에 대한 부품 교체 수요가 꾸준히 발생해 부품 생산 업체에게 장기적인 안정성을 제공한다. 즉 전기차 시장이 기대만큼 성장하지 않더라도 내연기관 부품의 수요는 유지되며, 부품 업체들은 이러한 측면에서 상대적으로 안전한 투자처로 평가된다.

둘째, 안정적인 수익 구조가 형성된 섹터다. 자동차 부품 산업은 대형 완성차 업체들과의 장기적인 공급 계약을 통해 안정적인 수익을 창출한다. 주요 부품을 공급하는 기업들은 일단 자동차 모델에 채택되면 수년간 꾸준한 수익을 얻을 수 있다. 이러한 구조는 부품 공급 업체들에게 안정적인 현금흐름을 보장하며,

시장 변동성에도 상대적으로 견고한 수익을 유지할 수 있는 기회를 제공한다.

셋째, 전기차 및 자율주행차 부품 시장이 새롭게 형성되고 있다. 전기차에서는 기존 내연기관차와 달리 배터리, 전장 시스템, 전기 모터 등 핵심 부품이 필요하다. 자율주행차 역시 각종 센서, 레이더, 카메라, 인공지능 기반 제어 장치 등이 중요한 역할을 한다. 기존 기술을 혁신해 전기차와 자율주행차에 필요한 부품을 개발하고 공급하는 부품 업체들에게는 새로운 성장 기회가 열리고 있다.

M&A 방향은 '미래 기술 확보'…
현재·미래 보완 기업 주목

최근 5년간 자동차 부품 산업의 주요 인수합병M&A 사례를 보면 전기차와 자율주행차 기술 중심으로 재편되고 있음을 확인할 수 있다. 국내외 주요 기업들은 미래 모빌리티 시장을 선도하기 위해 기술력 확보와 생산 역량 강화를 목표로 대규모 M&A를 진행하고 있다. 특히, 친환경차와 자율주행차 부품의 중요성이 부각하면서 관련 기술 확보가 M&A의 핵심 요인으로 자리 잡았다.

이는 전통적인 내연기관 중심의 자동차 부품 산업이 점차 전기차와 자율주행차 중심으로 전환되고 있음을 반영한다. 한온시스템은 마그나의 캐나다, 미국 법인을 인수했으며 SNT모티브는 일본 히타치 오토모티브를 사들였다.

표 7. 국내 주요 자동차 부품 산업의 주요 M&A 사례

연도	인수 기업	피인수 기업	인수 금액	주요 내용
2020년	한온시스템	Magna(캐나다)	11억 달러	전기차 열 관리 시스템 기술 확보
2021년	현대모비스	LG화학 배터리 부문	10억 달러	전기차 배터리 부품 통합 생산라인 구축
2022년	만도	자율주행 부품 개발	7,000억 원	자율주행차 부품 및 ADAS 센서 기술 강화
2022년	SNT모티브	일본 히타치 오토모티브	8억 달러	전기차 관련 모터 및 하이브리드 부품 개발 기술 확보
2023년	한온시스템	Magna(미국)	2억 5,000만 달러	전기차 열 관리 시스템 기술을 위한 미국 내 사업 확장

프랑스 부품 회사 포레시아Faurecia는 자율주행 기술력 확보를 위해 독일의 자동차 부품 회사 헬라와 카메라 사업부를 9억 5,700만 달러에 인수했다. 캐나다의 마그나는 한온시스템에 전기차 열 관리 시스템 기술을 매각하고, 스웨덴 자율주행 기업 비오니어Veoneer를 36억 달러에 인수했다. 독일 자동차 부품 그룹

ZF는 미국 첨단 운전자 보조 시스템 전문기업 와브코WABCO를 무려 70억 달러에 사들였다. 모두 미래 자동차의 기술 혁신을 위한 대규모 투자였다.

표 8. 해외 주요 자동차 부품 산업의 주요 M&A 사례

연도	인수 기업	피인수 기업	인수 금액	주요 내용
2021년	Faurecia (프랑스)	Hella(독일)	8억 4,000만 달러	전기차 구동 시스템과 자율주행 관련 부품 기술 확보
2021년	Faurecia (프랑스)	Hella 카메라 사업	1억 1,700만 달러	자율주행차 카메라 소프트웨어 관련 기술 확보
2022년	ZF(독일)	Wabco(미국)	70억 달러	자율주행 상용차 부품 및 전기차 구동 시스템 기술 확보
2022년	Magna (캐나다)	Veoneer (스웨덴)	36억 달러	자율주행 및 전기차 부품 기술 확장
2023년	Denso(일본)	전기차 관련 스타트업	5억 달러	전기차 및 자율주행차 부품 개발 기술 확장

출처: KOTRA 무역자료실(KOTRA), Whitecase M&A Explorer(White Case Mergers), Autoworld Journal(Auto World Journal)

이 같은 M&A 트렌드는 자동차 부품 사업의 몇 가지 위험 요소를 가리킨다. 자동차 산업의 기술 변화 속도가 빠르게 진행되면서 기존 부품 업체들은 이에 적응하지 못할 경우 도태될 수 있는 위험이다. 전기차와 자율주행차에 필요한 부품들이 기존 내연기관차 부품과는 전혀 다른 기술적 요구를 갖기 때문에, 기술 변화에 대응하지 못하는 업체들은 시장에서 뒤처질 가능성이 크다.

전기차 시장 등장으로 필요한 원자재가 다양화되면서 원자재 가격 변동의 리스크가 확대됐다. 전기차 배터리에 필요한 리튬, 코발트와 같은 희귀 금속의 가격 변동은 부품 생산 비용에 큰 영향을 미친다. 최근 공급망 문제와 국제 정세의 불안정성으로 인해 원자재 가격이 급등하면서 부품 업체들은 이로 인한 수익성 악화에 직면했다. 아울러 글로벌 경제 둔화에 따른 자동차 수요 부진도 우려 지점이다. 주요 완성차 업체들의 판매량 감소는 부품 공급 업체들의 수익 감소로 이어지며, 이로 인해 일부 업체들은 경영난을 겪을 수 있다.

결국 안정적인 수익 구조를 확보한 자동차 부품사가 전기차 캐즘으로 발생한 유보된 시간 동안 기술 혁신과 시장 변화에 유연하게 대응하는 역동성이 필요하다. 외부 투자로 이런 변화가 가능할 경우 안정적인 수익 창출에 따른 배당, 기술 혁신에 따른 지속적인 수요 창출이 가능하다. 이럴 경우 LP를 비롯한 많은 자본시장 플레이어가 일종의 사양산업으로 평가되는 자동차 부품사를 재평가하고, 자본을 공급하는 선순환이 발생할 수 있다.

불황 산업에 담대한 베팅, 그 결과는?

_LB프라이빗에쿼티의 'KOC전기' 투자 스토리

(왼쪽 김지홍 LB프라이빗에쿼티 상무, 오른쪽 전필규 LB프라이빗에쿼티 대표)

'쌀 때 사서 비쌀 때 판다'라는 격언이 있다. 저가 매수 후 고가 매도는 모든 투자의 기본이다. 기업 가치가 낮게 평가될 때는 기업 비즈니스 모델에 문제가 생겼거나, 해당 섹터가 투자자들에게 주목받지 못하거나, 기업이 속한 산업이 불황에 빠졌을 가능성이 크다.

그래서 시장의 외면을 받는 기업에 선제적으로 투자하는 판단이 전략적으로 행해지기도 한다. 문제는 섣불리 손이 나가지 않는 투자 방식이라는 점이다. 실적은 떨어지고 업황 개선 시점은 불확실한 기업에 돈을 태웠다가 투자금 회수 시점이 기약 없이 길어질 위험이 있기 때문이다. 이러한 부담을 기꺼이 짊어질 사람은 많지 않을 것이다.

LB프라이빗에쿼티**LB PE**의 'KOC전기' 투자 스토리는 이러한 '역발상' 투자에서 시작됐다. 3년 만에 기업 가치를 크게 키워 투자금을 회수했고, 하우스의 트랙 레코드를 풍성하게 채웠다. 실제 KOC전기는 2024년 IB 업계 관계자들로부터 상당한 주목을 받았던 매물이기도 하다.

아름답기만 한 엑시트 스토리 뒷면에는 LB프라이빗에쿼티 운용역들의 고충도 묻어난다. 사모펀드 운용역들이 받는 투자 스트레스는 상상 이상으로 크다. 사모펀드는 펀드 출자자의 돈을 끌어와 투자를 집행하며, 투자 손실은 투자자의 손실로 직결된다. 게다가 의사결정 한 번으로 포트폴리오 기업에 근무하는 여러 명의 생계가 좌지우지된다. 이들이 내리는 선택의 무게가 버거운 이유다.

김지홍 LB프라이빗에쿼티 상무는 "2022년은 하루하루가 어둠 속을 헤매는 듯한 긴 터널 같았던 한 해였다"라고 술회했다. 김 상무는 전필규 LB프라이빗에쿼티 대표와 함께 하우스의 키맨으로 지목되는 인물이다. KOC전기 인수 당시 이들은 주도적으로 바이아웃을 추진했다. 2022년은 LB프라이빗에쿼티가 2021년 9월 KOC전기 경영권 매입을 마친 뒤 KOC전기 경영에 한 해를 온전히 보낸 첫해였다.

문제는 인수 직후 수익성이 급전직하했다는 점이었다. 2004년 적자를 기록한 후 손실을 본 적이 없던 회사에서 월간 최대 손실이 10억 원 가까이 될 정도로 이익이 줄어들었고, 현금이 지속적으로 감소했다. 김 상무는 심리 상담을 고민할 정도로 스트레스를 받았다. 잠을 제대로 이루지 못하는 날도 늘어났다. 당시 투자부문장으로서 포트폴리오 기업을 총괄하던 전 대표의 고민도 깊어지던 때였다.

그로부터 2년 후인 2024년 9월 LB프라이빗에쿼티는 LS그룹 계열사 LS일렉트릭에 KOC전기 지분 100% 가운데 51%를 매각했다. KOC전기 신주발행 금액 및 LB프라이빗에쿼티가 보유한 구주 매각을 포함한 총거래 금액은 592억 원으로, 2021년 KOC전기를 스카이레이크에쿼티파트너스(스카이레이크)로부터 사들이며 지불했던 금액 이상을 회수하고도 여전히 절반 가까운 49% 지분을 남겼다.

실적이 고꾸라진 뒤 2년 사이 어떤 일이 있었던 것일까. 천덕꾸러기 신세로 전락할 뻔했던 KOC전기는 이제 LB프라이빗에쿼티의 효자 포트폴리오 기업으로 변신했는데, 경영권 매각으로 LB프라이빗에쿼티는 내부수익률IRR 44%를 확보한 덕분이다. 쉽게 말하면 투자 이후 매년 44%의 기업 가치 상승이 있었던 것이다. 업계에서는 10%대 IRR만 나와도 준수한 수익률로 통하는데, 40% 중반대 IRR이 얼마나 큰 성과인지를 보여주는 대목이다.

AI 열풍 후광효과 톡톡히 본 KOC전기

2024년은 AI의 해라고 해도 과언이 아니다. AI 열풍이 불면서 뚜렷하게 수혜를 입은 섹터와 그렇지 못한 섹터의 희비가 엇갈렸다. 엔비디아와 같은 그래픽처리장치GPU 설계 기업을 필두로 TSMC, SK하이닉스와 같은 칩 메이커들이 상승장을 이끌었다.

AI 훈풍에 탄력을 받은 또 하나의 섹터가 있는데, 전력 기자재 산업으로 변압기, 전선 등 전력 공급을 위한 인프라를 공급하는 기업들이 이 섹터에 속한다. AI를 구동하기 위해선 그에 걸맞은 고성능 컴퓨팅 인프라가 필요하다. 높아진 컴퓨팅 성능을 뒷받침할 데이터센터가 필수란 의미다. 데이터센터가 세계적으로 확장되면서 이들에 전력을 공급할 대규모 전력 인프라도 필수 불가결한 요소가 됐다. 향후 수년간 전력 인프라 수요는 끊이지 않을 것으로 예상된다.

LB프라이빗에쿼티는 2021년 스카이레이크로부터 KOC전기를 세컨더리 M&A로 약 500억 원에 매입했다. 2021년 투자 당시 LB프라이빗에쿼티는 2024년 AI 열풍이 세계 투자 시장을 강타할 것이라고 예상했을까. 답변은 "아니오"였다. AI 열풍이 KOC전기 엑시트의 도화선이 되는 시나리오는 예상 밖이었다.

사이클을 타는 전력 기자재 산업 특성상 KOC전기는 지난 수년간 실적의 어려움이 지속되던 곳이었다. 언젠가 사이클이 정상화될 것이라는 건 알지만, 당장의 업황 부진은 개별 기업으로선 통제가 불가능한 변수여서 매도가가 높게 설정될 수 없었다. 그럼에도 불구하고 LB프라이빗에쿼티는 과감하게 투자금을 베팅했다. 당장 상황은 어렵지만 머지않아 업황이 회복될 것이란 결론을 내렸다.

전 대표와 김 상무를 비롯한 LB프라이빗에쿼티 운용역들은 AI 수요가 아니더라도 한국 및 세계적인 전력 기자재 수요는 노후화된 전력망, 태양광 및 풍력과 같은 신재생 에너지 전환, 전기차 보급 증대 등 변화하는 산업 구조상 중·장기적으로 증가할 수밖에 없다고 판단했다. KOC전기 투자 근거이기도 했다.

전필규 LB프라이빗에쿼티 대표는 "KOC전기 투자 당시 국내 조선소들의 선박 수주 증가 추세로 선박용 변압기 비중이 높은 KOC전기의 수혜가 예상되기는 했지만 원매자 경쟁으로 인수가가 고평가될 부담은 있었다"라며, "바이아웃 투자의 경우 인수 후 어떻게 사후 관리하냐에 따라 투자처의 모습이 크게 달라질 수 있기 때문에 일단 투자 의사결정을 한 후에는 앞만 보고 달리자는 마음이었다"라고 설명했다.

KOC전기 인수 후 시작된 고난, 그리고 반전

KOC전기는 블라인드 펀드인 LB 제3호 펀드에 속한 투자처다. 3호 펀드의 주목적은 세컨더리 투자였다. 세컨더리 투자란 벤처캐피탈VC, 사모펀드 등 펀드 운용사가 투자한 포트폴리오 기업 지분을 다른 운용사가 매입하는 FI 간 거래다. 세컨더리 투자를 선호하는 하우스는 많지 않지만, LB프라이빗에쿼티는 수많은 사모펀드 가운데에서도 세컨더리 투자로 정평이 난 하우스다.

LB프라이빗에쿼티의 레이더에 걸린 매물이 스카이레이크의 KOC전기였다. KOC전기는 스카이레이크가 2016년 초 인수된 뒤 5년이 넘어가던 차였다. 통상 펀드 만기는 10년 정도로, 사모펀드가 포트폴리오 기업에 투자하는 기간은 5년 전후가 일반적이다. 5년 전에 지분을 털고 나가느냐, 아니면 7~8년씩 보유하는 장기 투자처가 되느냐 차이가 있었다.

KOC전기의 경우 스카이레이크 블라인드 펀드 만기가 도래하면서 투자금 회수를 서둘러야 하는 것으로 알려졌다. 스카이레이크가 투자 원금에 내부 기대수익률을 적용한 매도 희망 가격을 굳이 고집하지 않아도 되는 상황이었던 셈이다.

LB프라이빗에쿼티는 물밑에서 매도인과 접촉해 일대일 협상을 벌이는 투자 방식을 선호하는데, KOC전기는 퍼블릭 딜 형태로 진행됐다. 매각 주관사가 다수 원매자에게 가격 제안을 받는 경매식으로, 경쟁이 심할 경우 인수가가 올라갈 수 있다는 단점이 있다. LB프라이빗에쿼티가 KOC전기 인수전에서 승기를 잡았는데, 퍼블릭 딜로 실제 인수까지 성공한 건 첫 케이스였다. 그만큼 의욕적으로 딜을 추진했다고 볼 수 있다.

누구나 사이클에는 업다운이 있고 호황기와 불황기에는 시작과 끝이 있다는 걸 안다. 그러나 그 시작과 끝이 언제인지는 그 누구도 알지 못한다. 짐작만 할 뿐이다. 불운하게도 스카이레이크 투자 기간에 회사 실적은 과거 호실적으로 돌아오지 못했다. 투자의 난해함이다. 2012년 연 매출은 780억 원 수준이었지만 스카이레이크에 인수되던 2016년 매출은 487억 원이었다. LB프라이빗에쿼티가 인수를 마무리한 시점은 2021년 9월이었다. 운용역들도 KOC전기 현황은 인지하고 있었다. 당해 회사는 적자 전환했다. 매출 506억 원에 영업손실 22억 원을 기록했다. 한해 영업이익이 20억~30억 원 사이였다는 점을 감안하면 큰 적자 폭이었다.

회사의 어려운 사정을 알았지만 적자는 시나리오 밖이었다. 전 대표는 "인수 당해 연도 실적이 좋진 않을 것으로 봤지만 적자까지는 예상하지 못했다"라며, "이듬해인 2022년까지 실적이 크게 부진하자 솔직히 운용사로서 당황스러웠고 조바심이 올라왔다"라고 말했다.
2021년 실적을 보고 전 대표와 김 상무는 이제는 '바닥'이 끝나간다고 생각했지만, 이 예상은 보기 좋게 빗나갔다. 바닥인 줄 알았던 회사의 실적이

'지하실'까지 떨어졌다. 끝 모르고 오르던 원자재값 상승이 수익성 악화의 가장 큰 원인이었다.

당시 변압기 핵심 소재인 '실리콘 강판' 가격이 약 70%가량 상승했고, 다른 주요 자재인 구리, 알루미늄, 절연유 등도 적게는 50%에서 100%까지 상승했다. 변압기 공급자인 KOC전기는 속수무책으로 영업이익이 떨어지는 구조였다. 선박 시장 특성상 3~4년 전에 주문 가격이 정해지고 생산자는 그 당시 체결된 가격에 맞춰 제품을 납품해야 하는 구조적 문제가 컸다.

설상가상으로 KOC전기 수익성에 적지 않은 도움을 줄 것으로 기대했던 한전의 154kV 초고압 변압기 발주도 한전의 대규모 적자로 인해 예상보다 발주 물량이 대규모로 감소했다. 동트기 전 새벽이 가장 어둡다는 말처럼 어려운 상황이 동시에 발생했다.

겹악재 속에서 운용역들이 겪는 심적 고통은 컸다. LB프라이빗에쿼티 내부적으로는 심각한 실적 하락을 타개하기 위한 다양한 턴어라운드 방안이 거론됐다. 회의실에선 대응 방침을 두고 운용역 간 열띤 토론이 벌어졌다. 하루하루가 피가 마르는 날이었다. 결국 인수 1년이 지난 시점부터 경영진과 내부 시스템에도 변화를 줬다.

그리고 2023년 KOC전기 실적은 역대 최고 기록을 새롭게 썼다. 매출 935억 원, 영업이익 81억 원, 상각전영업이익EBITDA 97억 원을 기록했다. 매출은 사상 최고치, 영업이익과 EBITDA은 역대 최고 수준에 육박했다. 불과 한 해 사이 회사는 천당과 지옥을 오갔다. 그제야 전 대표와 김 상무도 안도의 한숨을 내쉬었다.

실적이 갑작스럽게 뛴 건 복합적인 원인이 작용했다. COVID-19 유행 이후 주춤했던 해운 물동량이 2021년을 기점으로 회복되기 시작했다. 국내 조선사들의 수주도 급증하기 시작했고 컨테이너 선박, 친환경 연료 추진 선박 추가 수요도 가시화됐다. 국내 조선사들에 선박용 변압기를 공급하던 KOC전기로선 대형 호재였다. 스멀스멀 기미를 보이던 수요 회복이 2023년부터 본격화됐다.

이와 함께 미국 전력망 한계도 현실화됐다. 수십 년간 적체된 설비투자로 노후화된 전력망이 급증하는 전력 수요를 소화하지 못한 탓이다. 지속적인 산불과 허리케인으로 인한 전력 계통 손실, IRA 법안에 따른 미국 내 대규모 신규 공장 증설, 신재생 에너지 전환에 따른 전력망 확충, 전기차 신규 수요 등 전력 인프라 수요 확대가 확 늘었다. 전력 기자재 수요도 폭발하기 시작했다.

미국 발 초과 수요는 미국 내 생산 여력으로는 감당이 불가능했다. 결국 미국에서는 수출 가능한 전력 기자재 업체를 찾기 위해 한국까지 공급 업체들을 물색하기에 이르렀다. 2024년에는 AI를 위한 데이터센터 수요가 폭증하기 시작하면서 변압기와 같은 전력 기자재 공급 부족이 심화됐다.

KOC전기는 국내 중소기업 중에선 154kV 초고압 변압기를 자체 브랜드로 제작할 수 있는 사실상 유일한 곳으로 꼽힌다. 154kV 초고압 변압기는 대규모 전력 인프라에 필수적으로 들어가는 설비다. 상대적으로 전압이 낮은 주상변압기와 PAD 변압기도 부족해졌다. 2022년부터 시작된 세계적 변압기 공급 부족의 서막을 알렸다. 지금은 이보다 더 높은 수준의 기술을 요구하는 초고압 변압기까지 세계적 품귀 현상을 겪고 있다.

KOC전기도 초고압 변압기 공급 부족 수혜를 톡톡히 입을 것으로 점쳐진다. 2024년 KOC전기는 역대급 매출 기록한 지난해 실적을 다시 한번 갈아엎으며 실적 신기록을 새롭게 쓸 예정이다.

몰리는 러브콜, LS일렉트릭에 경영권 지분 매각

전력 기자재 섹터가 호황기로 접어든다는 사실은 업계 관계자들이 빠르게 인지했다. 회사 실적이 부진을 걷어내고 호실적을 내기 시작하자 KOC전기를 인수하겠다는 원매자들이 하나둘 생겨났다. 당초 LB프라이빗에쿼티 내부적으로 예상한 엑시트 시점은 초고압 변압기 품귀 현상이 한창인 2025~2026년 사이였다.

김 상무는 "2022년 중순부터 미국 발 전력 기자재 수요가 폭발하면서 회사 실적도 성장할 것이란 짐작을 하고 있었다"라며, "2023년 하반기부터 SI인 LS그룹이 물밑에서 관심을 타진하기 시작해 같은 해 말부터는 FI들까지 관심을 보였다. 일곱 곳 정도가 러브콜을 보냈고 이 가운데 세 곳과 심도 있게 협상을 진행했다"라고 말했다.

이 가운데 일찌감치 LB프라이빗에쿼티와 소통하며 인수에 진의를 보였던 LS그룹이 KOC전기의 새 인수자로 낙점됐다. LS일렉트릭과의 협상 과정은 순탄했다. 전력 기자재 플레이어들이 향후 3~5년간 성장세를 구가할 것이란 점은 명확했다. 향후 성장 기대감을 기업 가치에 얼마나 반영할지가 협상장의 핵심 어젠다였다.

양측의 경영권 매매 협상은 2024년 초부터 본격적으로 시작됐다. LS일렉트릭은 초고압 변압기 사업을 적기에 확대하겠다는 니즈가 있었고, LB프라이빗에쿼티는 업황에 능한 SI와의 협업과 만족스러운 수익률이 필요했다. 양측의 이해관계가 맞아떨어진 덕분에 약 5개월 만에 주식 매매 계약 체결로 이어졌다.

LS일렉트릭은 당초 KOC전기 일부 지분 투자를 원했다가 경영권 인수로 선회했다. LB프라이빗에쿼티가 구주 37%를 매각하는 동시에 유상증자 참여를 통한 51% 지분 확보 구조를 제안한 결과였다. LS일렉트릭은 KOC전기를 인수함으로써 초고압 변압기 라인업을 강화하고, 향후 초과 수요가 예상되는 초고압 변압기 생산 역량을 단숨에 확장할 수 있게 됐다.

LB프라이빗에쿼티는 아직 수익을 확정하진 못했는데, 일부 지분만 매각했기 때문이다. 하지만 이미 기업 가치가 3배 오른 데다 유능한 사업 파트너인 LS일렉트릭을 섭외했다는 점에서 성공 엑시트의 가능성은 더욱 커졌다. 전 대표는 "금번 경영권 매매에서 LB 제3호 펀드가 소수 지분만 갖게 되면 엑시트 방안에 불확실성이 커지기 때문에 확실한 엑시트 안전장치도 필요했다"라며, "만약 기업공개가 안 되는 경우라도 현재 보유 지분 전부를 LS일렉트릭에게 매각할 수 있는 권리Put Option를 확보해 뒀다. 결과적으로 KOC전기 성장 과실을 KOC전기 임직원, LS일렉트릭 그리고 LB 제3호 펀드가 나눠 가지게 되길 바란다"라고 피력했다.

PART
2

2025년
M&A 시장과
사모펀드 트렌드

4장

국내외 사모펀드 투자 트렌드

PRIVATE
EQUITY
FUNDS
M&A

15

2025년 사모펀드와
M&A 시장 전망

"그때는 맞고 지금은 틀리다."

시대가 빠르게 변하면서 투자의 공식도 바뀌고 있다. 예전의 성공 방정식을 기억하고 있는 이들은 지적 게으름의 유탄을 맞고 역사의 뒤안길로 사라지고 있다. 반면 시대를 반 박자 앞선 이들은 막대한 부를 움켜쥐었다.

전자상거래가 등장한 1990년대 인터넷 혁명을 기회로 삼고 창업에 성공한 이들이 여럿인데, 미국에서 일명 '페이팔 마피아'로 불리는 이들이 대표적이다. 온라인 간편결제 서비스 업체 페이팔을 세우고 이베이에 매각한 공동 창업자들은 끊임없이 시대적 변화를 반 박자 앞서가며 새로운 기업을 설립해 성공 신화를 이어갔다. 테슬라를 설립한 일론 머스크 외에도 기업용 SNS 링크트인 설립자 리드 오프먼, 리뷰 사이트 옐프 창업자 제러미 스토플먼 등이 있다. 반면 과거의 영광만을 좇다 한순간에 부와 명예를 잃고 범죄자로 전락한 이도 있다. 바로 국내 인터넷 상거래의 신화인 G마켓을 2000년에 설립해 나스닥 상장에 성공한 후 미국 이베이에 매각한 구영배 큐텐 대표가 그 주인공이다.

구영배 대표는 G마켓 매각 이후 싱가포르에 이베이와 함께 큐텐을 설립해 구 대표와 이베이가 각각 51%, 49%를 보유했다. 구 대표는 동남아시아에 역직구 플랫폼을 구축했으며, 싱가포르 이커머스 시장 1위에 올랐다. 물류 업체인 큐익스프레스를 설립해 탄탄한 캐시카우 기업도 육성했다. 하지만 구 대표는 G마켓 매각 당시 10년간 한국에서 이커머스 사업을 하지 않겠다는 경업 금지 조항이 끝나가자, 한국 진출을 노렸다. 첫 타깃은 그가 매각했던 G마켓과 경쟁사 옥션이었다. 두 기업의 운영사인 이베이코리아가 매각에 나서자 구 대표는 인수 검토에 나섰으나, 신세계그룹이 이베이코리아 인수에 3조 4,000억 원을 베팅하면서 무위에 그쳤다.

글로벌 팬데믹 이후 플랫폼 기업의 가치가 치솟자 그의 시선은 부실 기업으로 쏠렸다. 2010년대 소셜커머스 시장에서 쿠팡과 함께 3강을 차지한 티몬과 위메프는 쿠팡과 함께 '의도된 적자' 경쟁을 펼쳤다. 티몬은 글로벌 사모펀드인 KKR, 앵커에쿼티파트너스로부터 자금을 수혈했고, 위메프는 IMM인베스트먼트로부터 실탄을 채웠다. 그러나 손정의 회장의 소프트뱅크가 2018년 쿠팡에 20억 달러를 투자하면서 자본 경쟁은 사실상 끝이 났다. 경쟁에서 밀려난 티몬과 위메프는 매년 극심한 적자에 시달리면서 완전 자본잠식에 빠져들었다. 사실상 시한부 선고를 앞둔 중환자였지만, 구영배 회장은 자신의 알짜 자산인 큐익스프레스 주식과 티몬, 위메프의 주식을 맞바꾸며 인수했다.

그는 철저히 과거의 성공에 사로잡혀 있었다. 플랫폼 기업은 초기 적자를 감수하며 소비자를 끌어들여 매출액을 늘리다가 시장에서 위치가 공고해지면 수익 모델로 전환해 사실상 독점 이익을 가져간다. 쿠팡이 2023년 창사 이래 처음으로 6,174억 원의 흑자를 기록했는데, 그때 매출액이 31조 원가량이었다. 긴 시간 적자를 감내할 수 있는 곳만이 성공할 수 있는 게 플랫폼 사업이다.

구 회장은 적자 감내가 가능하다고 봤다. 셀러들에게 판매 대금의 정산을 늦추고, 상품권 할인 판매를 통해 유동성을 일으키면 적자가 지속돼도 생존이 가능하다는 계산이었다. 철저히 남의 돈이지만, 매출 성장이 멈추지 않으면 망하지 않게 된다. 어찌보면 폰지 사기와 구조가 유사하지만, 그간 플랫폼 업체가 모두

이렇게 생존해 왔다. 심지어 그는 글로벌 쇼핑 플랫폼 위시Wish를 인수할 때 티몬, 위메프의 돈을 끌어다 썼다. 인수 후에는 다시 위시의 내부 자금으로 티몬, 위메프에 돈을 돌려줬다. 자기자본 없이 플랫폼 기업의 돈으로 다른 기업을 사는 위험한 투자를 반복했다. 큐텐은 티몬, 위메프 외에도 인터파크커머스, AK몰을 사들였다. 모두 유동성 확보와 큐익스프레스의 물류 사업 일감 몰아주기를 위한 결정이었다. 그는 물류 통합 후 큐익스프레스의 상장을 통해 유동성을 확보하고, 그 돈으로 플랫폼 통합으로 나아가 흑자 전환이 가능하다고 봤는지도 모른다.

그러나 시대는 소비자 보호로 한 걸음 나아가고 있었다. 2021년 머지포인트 사태 이후 제도 개선을 통해 최근 선불 충전금의 별도 관리가 의무화됐다. 정산 대금을 쌈짓돈으로 여겼던 큐텐 그룹의 경영 방식도 '별도 관리' 의무화라는 시대적 흐름 앞에 놓여 있었다. 이번 사태로 정산 대금 별도 관리 의무화가 빠르게 논의되고 있지만, 이 사건이 없었더라도 결국 시간문제다. 과거의 성공에 도취해 규제를 보지 못한 그의 게으름이 수많은 피해자를 양산하고 본인도 몰락하는 비극을 만들어 냈다. 구 회장의 카리스마와 성공 신화에 기대어 투자해 온 국내 사모펀드들도 원금 회수라는 어려운 과제에 직면했다. 법과 제도, 투자 환경이 변화한 '지금'을 치열하게 고민하지 않은 투자의 결과물이다.

큐텐이 쏘아 올린 부실의 화살은 플랫폼 업계에 유탄으로 돌아왔다. 과거 '묻지마 투자'가 이뤄졌던 이커머스 플랫폼은 한동안 투자 빙하기를 피하기 어려워 보인다. 대규모 적자를 통해 매출을 늘려 기업 가치 제고를 끌어냈던 방식이 사실상 '레드카드'를 받으면서, 플랫폼 투자 기피 현상이 가속화될 전망이다. 기존 플랫폼 기업도 흑자 전환에 성공한 무신사, 컬리 등 소수 기업을 제외하면 극심한 구조조정에 휩싸일 수밖에 없다. 플랫폼 기업의 기업 가치 재평가와 성장 방정식의 변화가 이뤄지지 않는다면 투자 시장에서 외면은 불가피하다.

유동성 속 검증된 곳 투자

국내 사모펀드 시장은 2023년 말 누적 약정액이 140조 원에 달한다. 국내 LP들은 지속적으로 대체투자 비중을 늘려 왔으며, 시장 침체기에서도 그 비중을 낮춘 곳은 드물다. 대신 중소형 사모펀드에 대한 출자는 줄이고, 검증된 대형 사모펀드 중심으로 블라인드 펀드에 대규모 약정을 하면서 그 비중을 맞춰 왔다. 국내외 사모펀드는 시장 분위기에 조응해 소극적인 투자를 하면서 미집행 기금(드라이파우더)이 많이 쌓여 있고, 수익을 안정적으로 내는 똘똘한 기업 위주로 투자에 나설 전망이다. 드라이파우더를 고려하면 사모펀드 간 손바꿈과 조 단위 빅딜 등이 이어질 수 있다.

COVID-19 이후 확산된 인프라성 투자처의 인기는 사그라지지 않고 있다. 국내외 대형 LP가 대체투자 비중을 늘린 가운데, 위험자산 비중을 안정적으로 관리하려는 차원에서 인프라 투자를 확대하고 있는 영향으로 풀이된다. 부동산 PF 부실로 워크아웃을 신청한 태영건설이 그룹 구조조정 차원에서 내놓은 알짜 폐기물 처리 업체 에코피트는 매각 성사가 불투명하다는 평가가 나왔다. 하지만 상각전영업이익EBITDA 10배 이상을 매각가로 인정받으며 IMM프라이빗에쿼티-IMM인베스트먼트 컨소시엄에 약 2조 7,000억 원에 매각됐다.

폐기물 업체의 멀티플은 일반적으로 10~12배 사이인 점을 고려하면 식지 않은 인기를 보여줬다. EQT파트너스가 플라스틱 폐기물 처리 전문 기업인 KJ환경을 인수했으며, 어필마캐피탈과 더함파트너스는 산업 폐기물 매립장 업체 제이엔텍을 사들였다. 현재 펀드 만기를 앞둔 E&F프라이빗에쿼티의 코엔텍·코어엔텍은 물론 SK에코플랜트가 과거 인수했던 폐기물 업체의 재매각 가능성도 있어, 폐기물 거래는 2025년에도 지속될 전망이다.

시민의 발이 되어 주는 시내버스 회사도 주요 인프라 투자처다. 준공영제 시내버스 운수사업은 지자체가 수익을 보장하는 구조로 안정적인 배당 수익이 보장돼 있다. 이런 점을 눈여겨본 차파트너스는 2019년부터 서울·인천·대전·제주 등 전국에 보유 중인 준공영제 시내버스 운수 회사를 차례로 사들였다. 보유 버스만 약 1,600대, 인수 금액은 3,620억 원에 달한다. 차파트너스는 투자 만기를 고려해 순차적으로 매각을 추진하고 있는 가운데 국내외 사모펀드들이 큰 관심을 보이고 있다.

다만 규제 리스크가 변수다. 시민의 세금이 투입되는 준공영제 시내버스 특성상 '먹튀' 이미지가 있는 해외 사모펀드에 대한 정치권의 거부감이 상당하다. 주요 광역시들은 2022년부터 해외 자본 등의 준공영제 진입에 대한 기준을 마련하고 펀드에 의한 소유 관련 감독을 강화하고 있는 추세다. 이번 매각은 향후 공공기관, 준공영제 자산에 대한 사모펀드 시장의 진출 여부를 판가름하는 척도가 될 것이다.

부동산 시장에서 '똘똘한 한 채'에 대한 선호도가 짙어지면서 특정 인기 지역의 부동산 가격이 급등하고 있다. 과거와 달리 선호 지역과 비선호 지역 간의 가격 디커플링(비동조화)이 심화하면서 투자자들의 수요 쏠림이 나타나고 있다. 이는 투자 시장에서도 마찬가지 흐름이다. 매출과 영업이익이 안정적이면서도 부동산 자산까지 풍부한 제조업이 부상하고 있다. 여기에 성장 섹터에 포함되는 매물은 품귀 현상까지 일어나고 있다.

세계적 고령화 시대에 헬스케어 산업의 핵심 축인 임플란트 시장이 한 차례 사모펀드의 주 투자처가 되었다. 메디트, 오스템임플란트가 조 단위로 거래되며 글로벌 경쟁력을 갖춘 기업에 대한 바이아웃이 성사됐다. 이런 열풍은 미용·의료 기기 시장까지 확산됐다. 최근 3년간 미용·의료 기기 업체 주요 바이아웃 사례로 클래시스, 루트로닉, 이루다, 제이시스메디칼, 하이로닉, 바임이 있다. 시장의 확대, 안정적 수익에 FI뿐 아니라 SI들까지 손을 내밀고 있다.

2025년에도 이 같은 흐름은 지속될 전망이다. '똘똘한 한 채' 전략처럼 '될성부른 특정 섹터'에 사모펀드의 바이아웃 투자가 쏠릴 것이다.

표 9. 최근 3년간 미용·의료 기기 업체 M&A 사례

시기	피인수 업체	인수 주체		인수가(원)
2022년 4월	클래시스	베인캐피탈	미국계 사모펀드	6,699억
2023년 6월	루트로닉	한앤컴퍼니	국내 사모펀드	9,689억
2023년 9월	이루다	클래시스	미용·의료기기 업체	405억
2024년 6월	제이시스메디칼	아키메드	프랑스계 사모펀드	9,116억
2024년 9월	하이로닉	동화약품	제약사	1,600억

*제이시스메디칼 인수가는 자진 상장폐지 전 공개매수까지 들인 총액
자료: 금융감독원

성장 섹터는 '소극', 대기업 매물은 '공격'

사모펀드는 2004년 국내에 처음으로 등장했으나, 투자 환경은 그리 녹록지 않았다. SK그룹의 경영권을 공격한 소버린, 외환은행을 헐값에 사들여 먹튀 했다는 평가를 받는 론스타 등 약탈적 이미지가 강한 해외 사모펀드의 행보 탓이다. 국내 기업들은 국내 사모펀드도 의혹의 시선으로 바라보았다. 때문에 국내 사모펀드는 오랜 기간 기업들의 '백기사' 역할에 충실했다. 대기업의 계열사 매각, 카브아웃(사업부 분할)의 주요 인수로 활약했으며, 승계나 지배구조 재편 때 유동성을 공급하는 백기사 역할을 해왔다. 해외 사모펀드는 매운맛이지만, 국내 사모펀드는 순한 맛으로 알려지면서 평판의 상대적 우위 속에서 국내 사모펀드는 우수한 딜을 확보하며 안정적으로 성장했다.

그러나 '10년이면 강산도 변한다'라고 했다. 국내 대기업의 주요 사업 재편은 마무리 단계에 있으며, 알짜 기업도 이미 다수 손바뀜이 이뤄졌다. 국내에선 더 이상 먹거리가 없다는 볼멘소리도 업계에서 들린다. 국내 1위 사모펀드인 MBK파트너스가 2023년부터 매운맛으로 변한 이유이다.

국내 사모펀드가 경영권 분쟁의 공격수로 등장했다. MBK파트너스는 2023년 말 한국앤컴퍼니그룹 내 형제의 난에 주요 플레이어로 등장했다. MBK파트너스는 한국타이어 경영권 분쟁에 개입해 지주사인 한국앤컴퍼니의 조현식 전 고문과 차녀 조희원 씨와 손을 잡고 한국앤컴퍼니 공개매수에 나섰다. 다만 최소 매입 수량을 채우지 못해 한국앤컴퍼니 공개매수가 불발되며 체면을 구겼지만, 대기업에게는 사모펀드가 언제든 경영권을 위협하는 저승사자가 될 수 있음을 보여줬다.

대기업의 이런 우려는 이듬해 현실화됐다. 고려아연의 경영권 분쟁에 MBK파트너스가 재등장했다. 75년 전 장씨 일가와 최씨 일가가 영풍을 공동 경영했는데, 1990년대에는 영풍을 장씨 일가가 맡고 고려아연을 최씨 일가가 경영하는 구조였다. 그러나 3세 경영이 본격화된 2020년대 공동경영 기조가 깨지면서 잦은 경영권 분쟁을 이어왔다. MBK파트너스는 2024년 9월 영풍 측에 서서 2조 원이 넘는 실탄을 투입해 고려아연과 영풍정밀을 공개매수하겠다고 밝혔다.

이번 공개매수의 성공 여부와 별개로 사모펀드가 경영권 분쟁에 적극 개입하는 경우는 크게 증가할 전망이다. 앞서 한미약품그룹도 가족 간의 경영권 다툼 속에 사모펀드를 끌어들이려는 움직임을 보였다. 사모펀드 업계 역시 알짜 기업을 손쉽게 경영권을 확보할 수 있는 기회인 동시에, 과거와 달리 사모펀드를 바라보는 사회의 시선이 부정적이지 않은 만큼 공격적 행보를 할 수 있을 것이라고 판단하고 있다.

4차 산업혁명과 AI·로봇 등 게임체인저가 등장하면서 기업들이 리밸런싱(사업 재편)에 발 빠르게 나서고 있다. SK그룹, LG, SK네트웍스, 효성 등 국내 대기업들이 연달아 캐시카우 기업들을 사모펀드에 팔고, 신성장 투자를 위한 자금을 모으고 있다. 국내 블라인드 펀드를 보유하고 있는 사모펀드가 안정적인 배당이 가능한 곳을 선호하고 있는 점을 고려할 때 경영권 딜이 빈번하게 일어날 것으로 보인다.

성장 섹터는 철저한 옥석 가리가 이어질 전망이다. 먼저 가장 핫 섹터로 시장의 주목을 받는 AI 업계는 밸류체인에 속한 기업들이 꾸준히 주목받을 것으로 보인다. AI 반도체 전후방 산업 전반이 투자자의 관심을 끄는 가운데, 데이터 저장을 위한 클라우드 기업들이 주요 투자처로 손꼽힌다.

반면 바이오, 플랫폼, 딥테크 기업은 일부 기업만 투자를 끌어낼 것으로 전망된다. 혁신기업에 출자해 온 MG새마을금고가 출자 기조를 소극적으로 선회하면서 LP 시장이 급격히 보수적으로 변화했다. 중소형 사모펀드의 프로젝트 펀드나 모험자본에 가까운 투자는 사실상 실종에 가까운 게 현실이다. 때문에 알테오젠이나 리가켐바이오와 같이 기술 수출 성과가 분명하거나 AI 검색 서비스인 오픈리서치, 한국어 기반 거대 언어모델Ko-LLM을 개발하는 트릴리온랩스 등 확실한 기술력이 검증된 곳만 투자받고 있다.

오픈리서치는 김일두 카카오브레인 대표가 설립한 곳이며, 트릴리온랩스는 네이버의 하이퍼클로버X를 개발한 신재민 연구원이 창업했다. 반면 유동성 풍년기에 대규모 투자를 받은 바이오 업체는 투자 절벽 속에 연구 장비 매각, 임상 중단 등에 직면했다. 앞으로도 미래가 불확실한 딥테크·바이오 기업에 대해서는 투자를 꺼리는 암흑기가 지속될 것이다.

16

2025년
산업경제 전망

경제와 산업계를 돌이켜 보면 2024년은 다양한 혼란으로 인한 저성장 기조의 한 해였다. 비록 마무리되고는 있지만 여전한 COVID-19 팬데믹 영향이 지속되고, 금리 인하가 시작되긴 했으나 여전한 고금리 기조, 초인플레이션으로 인한 소비 심리 위축, 러시아-우크라이나 전쟁이나 중동 위기 등의 글로벌 정치 이슈 등 영향을 미친 원인도 매우 다양했다. 이로 인해 한동안 고성장을 보이던 미국마저 향후 경기침체를 우려하고 있으며, 몇몇을 제외한 거의 모든 국가가 저성장 기조를 보였던 한 해였다.

한국의 상황으로 들어가 보면, 추가적인 위기 요인들이 눈에 띈다. 저조한 출산율로 인한 인구 감소와 초고령화 사회 진입은 이제 익숙한 단어가 되었을 정도로 고착화하고 있고, 이로 인해 잠재성장률 또한 함께 하락하고 있다. 부동산 시장의 비대칭화와 가계부채 문제 등은 세계 경제의 변화에 발 빠르게 대응하는 데 걸림돌이 되고 있다. 물론 희망적인 요인들도 존재한다. 비록 내수 부진이 회복 기미를 보이지 않고 있지만, 수출에 있어서는 역대 최고의 신기록을 갈아치운 한 해였다. 주요 수출국의 경기를 고려하면 한동안은 수출 호황의 기조가 갑자기 꺾이지는 않을 것으로 보인다. 산업계에서의 투자도 조금씩 회복 추세를 보이고 있다. 결국, 한국 경제의 운명은 향후 내수 경기가 언제 회복될 것이냐에 달려 있는 상황이다.

일단 2025년은 이러한 혼란의 대전환이 시작되는 한 해가 될 것으로 보인다. 그 시작은 당연히 금리 기조의 변화이다. 2024년 9월 미국 연준의 금리 인하 발표를 시작으로 통화정책의 변화가 가시화되면서, 디스인플레이션을 비롯한 새로운 경제 환경이 펼쳐질 것이 기대된다. 고물가와 고금리의 부담이 덜어지게 되면 자연스레 소비심리가 회복되면서 투자와 고용이 활발해지고, 산업경제 전반의 선순환이 기대되기 때문이다. 물론, 전쟁 위기나 정치적 이슈 등이 여전히 남아 있고, 갑자기 저성장 기조가 극적으로 돌아서기는 쉽지 않다. 때문에 그 회복의 속도가 빠를지, 아니면 매우 완만해서 저성장의 기조가 한동안 더 유지될지는 지켜봐야 할 것이다. 하지만 변환의 시작은 분명히 이루어질 것이다.

　글로벌 피봇이 시작되고 이에 따른 내수 부진의 변곡점이 될 것으로 예상되는 2025년. 전체적인 흐름 속에 산업별로는 과연 어떠한 이슈와 쟁점이 있고, 어떤 변화가 예상되는지를 하나씩 살펴보겠다. 워낙 다양한 변화들과 이슈들이 존재하고 산업 분야마다 상황이 다르기 때문에 미래를 점칠 수는 없겠으나, 예측을 한다기보다는 현재를 돌아보면서 대응을 위한 고려 사항들이 무엇일지를 함께 고민하는 시간으로 생각해 주기 바란다. 그중에서도 다음 다섯 가지 영역은 특히 주목해서 볼 필요가 있다.

생성형 AI: 본격적인 성장기에 대비해야 할 때

　2024년 산업계의 핫 키워드인 '생성형 AI'는 2025년에도 현재진행형이 될 것으로 보인다. 2022년 말에 출시한 OpenAI의 ChatGPT는 2024년에 이르러 2억 명 활성 사용자를 확보했다. 그리고 본격적으로 경쟁 AI 모델이 등장하고 다양한 분야의 응용 서비스가 선보이고 있기 때문이다. 이제 '생성형 AI'는 일상생활에서도 익숙한 도구가 됐고, 앞으로 세상을 어떤 모습으로 변화시켜 나갈지에 대한 기대감도 최고조에 달한 한 해였다.

이는 달리 말하면 이제는 '생성형 AI'를 바라보는 관점을 혁신적인 신기술로 무작정 낙관적으로만 보기보다는 본격적인 성장기에 접어드는 산업으로서 트렌드를 정확하게 읽고 냉정하게 바라볼 필요가 있음을 의미한다. 그 어떤 산업보다 기술의 발전과 투자, 성장이 집중되었기 때문에 성숙 속도 또한 그만큼 빠를 것이다.

특히, 핵심이 되는 'AI 엔진'은 쉽게 아무나 진입할 수 있는 영역이 아닐뿐더러 완성형에 이른 상태가 아니기 때문에 많은 시행착오가 있을 수 있다. 그러다 보니 자연스레 핵심 엔진만이 아닌 관련된 '활성화 기술'이나 '확장 서비스'들에 대한 관심이 높아질 수밖에 없을 것이다. 이미 북미에서는 이러한 '환상'과 '초기 리스크'에 대한 부담을 덜어 내면서도 투자에 진입할 수 있는 방안에 대해 많이 고민하고 시도 중이다.

그래서 '생성형 AI'에 대한 앞선 시각을 함께 고민하기 위해 기술에 대한 이해와 함께 북미의 투자 사례를 살펴보고자 한다. 기술의 원리를 좀 더 이해하고 경쟁 구도, 그리고 관련된 확장 서비스가 무엇이 있는지, 북미에서는 어떠한 분야에 투자를 시작하고 있는지를 확인해 보면 앞으로의 진입과 투자에 대해 힌트를 얻을 수 있을 것이다.

리테일 산업: 지각 변동은 계속된다

COVID-19 시기를 지나면서 '리테일' 산업은 쿠팡, 네이버 등의 이커머스 중심으로의 재편이라는 큰 변화를 겪었는데, 아직도 지각 변동은 계속되고 있다. 우선, 내수 소비 부진이라는 거시 환경 악화이다. 높아진 인건비와 물가, 금리 인하의 지연으로 인한 이자 부담 등으로 소비자들은 지갑을 닫고 있는 처지다.

또 하나의 이슈는 'C-커머스의 공습'이다. 알리익스프레스, 테무, 쉬인 등의 중국계 이커머스들이 앞다투어 해외 시장을 공략하고 있고, 한국도 예외가 아니다. 이들의 제조 경쟁력과 마케팅 물량 공세, 공격적 투자는 가뜩이나 변화가 심한 리테일 산업에 또 하나의 복병이 되고 있는 것이다. 그 외에도 위메프 사태로 인한 입점 업체와의 공정거래 리스크마저 발생하면서 리테일 산업은 그야말로 아수라장이라고도 볼 수 있다.

특히, 눈여겨볼 부분은 'C-커머스의 공습'이다. 이를 단순히 저가 경쟁이 심화하고 국내 업체의 실적 악화가 우려된다거나, 소비자는 더 다양한 선택지가 생기니 좋은 거 아니냐라고 단순하게 보기에는 그 영향이 좀 더 복잡할 수 있는 사안이다. 우선 C-커머스로 인해 영향을 받는 소비자층이 과연 누구인지를 살펴보면 이것이 마켓 쉐어의 변화가 아니라 소비자층 자체의 외연 확장이 될 가능성도 있다. 그러므로 이는 또 다른 기회 요소가 될 수 있다. 상품 관점에서 본다면 C-커머스는 중국산 상품이 주를 이루다 보니 과거의 제한적인 해외 직구 상품들의 비중이 급격히 높아질 수 있고, 채널 관점에서는 오프라인에서 온라인으로의 전환도 더욱 가속화할 가능성이 크다. 뿐만 아니라 공급망 관점에서는 과거부터 있어 왔던 이커머스 플랫폼과 입점 업체 간의 줄다리기에도 또 다른 변수가 될지 모른다.

리테일 산업은 경제 전반에 미치는 영향이 크기 때문에 늘 투자자들의 관심이 높았고, 심지어 업계를 둘러싼 환경과 경쟁 구도의 변화마저 크다 보니 더더욱 면밀한 고찰이 필요하다. 이번에는 환경 변화의 핵심인 'C-커머스'에 초점을 맞춰 현황과 예상되는 변화, 앞으로의 전망을 짚어봄으로써 새로운 투자 기회를 발견하는 데 도움이 되길 바란다.

자본시장: 주식시장을 둘러싼 제도적 변화에 주목

한국 자본시장은 늘 저평가 논란에 시달려 왔다. 실제 글로벌 시장에서의 위상, 국가지수 등과 비교했을 때 주식 가치평가가 낮은 현상이 오랜 기간 지속되고 있다. 취약한 지배구조, 미흡한

주주환원 정책, 이로 인한 단기 투자 비중이 높은 점 등 그 원인
도 다양하다. 그럼에도 해결을 위한 뚜렷한 움직임이 없었고 기
업 자율성에만 맡겨 왔었는데, 2024년에 이에 대한 제도적 변화
가 구체화되기 시작했다. 바로 '밸류업 프로그램'이다.

 '밸류업 프로그램'은 코리안 디스카운트를 해소하기 위한 직접
적인 대응책이다. 저평가의 원인 중 하나로 지적되는 소극적 주주
환원을 적극적 주주환원으로 바꾸도록 제도적 장치를 마련해 코
리안 디스카운트를 해소하고 외국인 투자를 늘리겠다는 것이다.
아직은 필요성과 방향성이 논의되고 'K-밸류업 지수' 등의 구체
적인 가이드라인이 하나씩 드러나고 있는 초기 상황이다. 하지
만 타 국가의 사례 등을 볼 때 2025년은 실질적인 '밸류업 프로
그램'의 원년이 될 것이고, 그 긍정적 효과에 기대해 봄 직하다.
 이에 밸류업 프로그램이 가져올 변화와 우리의 대응은 어때야
하는지에 대해 고민해 볼 필요가 있다. 특히, 우리보다 앞서 '밸
류업 프로그램'을 시행한 일본의 핵심 제도와 그 결과를 살펴본
다면 좋은 힌트가 될 것이다. 제도적 혜택을 최대한 누리고, 국내
의 사회적 관심 및 글로벌 투자 의향 변화를 잘 읽어낸다면 투자
와 기업 성과 제고에 큰 도움이 될 것이기 때문이다. 아울러 '밸
류업 프로그램'은 정책 차원의 가이드라인이라는 점을 상기해
볼 때 결국은 근원적인 실적 개선을 끌어내지 않으면 의미가 없

을 것이다. 단순히 규모를 키우고 매출을 키우는 관점이 아닌, 진정한 '기업 가치 극대화'의 방향은 어때야 하는지도 함께 다루어 보도록 하겠다.

전기차와 이차전지 산업: 악재 극복하고 반등할까?

전기차와 이차전지 산업은 2023년과 비교했을 때 그 분위기가 가장 극적으로 바뀐 대표적인 산업이다. 성장 자체를 멈춘 것은 아니지만 성장의 속도가 2023년에 비해 현저히 낮아졌고, 이를 만회하기 위해 가격 인하를 단행하다 보니 수익성도 크게 악화되었다. 전형적인 캐즘Chasm을 보이고 있는 것이다. 이뿐만 아니라 배터리 대형 화재 사고로 인한 신뢰 하락, 미·중 갈등으로 인한 밸류체인 불안정성 등 다양한 대·내외 리스크 요인이 아직도 진행 중이다.

과연 2025년에는 전기차와 이차전지 산업이 부진을 털고 회복할 수 있을 것인가? 이를 전망하기 위해 앞서 언급된 주요 원인들을 살펴볼 필요가 있다. 우선, 캐즘은 떠오르는 혁신 상품 또는 산업에서의 일시적인 수요 급감 현상을 의미한다. 재미있는 것은 역사적으로 다양한 영역에서 캐즘 현상이 있어 왔고, 극복에 성공했거나 반대로 실패했던 사례도 어렵지 않게 찾아볼 수 있다는 것이다. 그래서 MP3 플레이어나 세그웨이 등의 대표적인 사례를 살펴보고 비교해 봄으로써 전기차, 이차전지 산업에 대한 전망을 함께 고민해 보았으면 한다.

아울러, 최근 이슈가 됐던 배터리 폭발로 인한 대형 화재 사고가 미치는 영향은 무엇일지, 밸류체인의 불안정성 현상과 향후 변화의 방향 등 전기차를 둘러싼 각종 대외 리스크를 진단해 봄으로써 과연 2024년의 부진이 전기차 시장의 바닥이었을지, 아직도 바닥으로 가는 중인지를 함께 살펴보도록 하자.

펫 산업: 커머스를 넘어 펫 푸드가 떠오른다

마지막으로 반려동물 산업도 주목해 볼 만하다. 반려인 1,500만 시대에 접어들면서 관련 수요가 급증하고 있고, 그 영역도 펫 커머스, 펫 푸드, 펫 헬스케어, 펫 서비스에 이르기까지 다양하다. 각종 통계에서 펫 산업의 규모가 급성장하고 있음은 쉽게 확인해 볼 수 있다. 아쉬운 점은 외국 브랜드의 영향력이 워낙 크다 보니 국내 펫 산업은 버티컬 커머스 분야로만 국한됐던 것이 사실이다. 하지만 이러한 분위기에도 변화가 감지되고 있다.

변화를 한마디로 설명하자면, 초기에 펫 커머스에 집중됐던 투자 관심이 펫 푸드 등 관련 산업으로 다양해질 것이다. 티몬·위메프 사건으로 인해 플랫폼 업에 대한 의구심이 증폭하면서 그 영향이 펫 커머스 업계에도 미친 것으로 해석해 볼 수 있다. 이러한 펫 산업의 현황과 이에 대한 투자 동향을 돌이켜 보고, 새롭게 떠오를 것으로 보이는 펫 푸드를 비롯해서 전반적인 관련 산업의 전망을 살펴보도록 하겠다.

이외에도 헬스케어/바이오 산업이나 조선/방산 산업의 성장세, 친환경 산업에 대한 투자 관심 지속 등 산업 영역마다 관심을 가지고 지켜볼 요소들은 많이 있다. 비록 전체를 다루지는 못하더라도 주요 쟁점 영역에 대한 고찰을 통해 대전환이 시작될 것으로 보이는 2025년을 조망해 봄으로써 최선의 대응이 무엇일지를 함께 고민해 보는 과정이 됐으면 한다.

5장

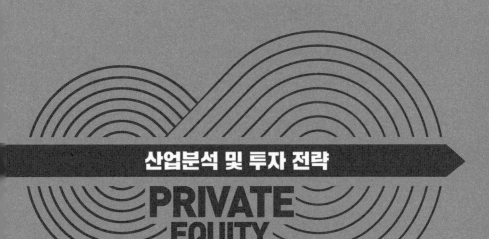

산업분석 및 투자 전략

PRIVATE
EQUITY
FUNDS
M&A

17

생성형 AI,
새로운 투자 기회

OpenAI가 출시한 대표적인 생성형 AI 서비스인 ChatGPT는 2022년 11월 30일 출시 후 5일 만에 가장 빠르게 100만 명의 사용자를 확보한 플랫폼이라는 세계 신기록을 세웠다. 사용자 수 증가 추이는 계속되어 두 달 만에 월간 활성 사용자 수MAU: Monthly Active User 1억 명을 돌파하고, 2024년 5월에는 약 2억 명의 활성 사용자 수 확보에 도달한다. 틱톡이 출시 후 MAU 1억 명 달성까지 약 9개월이 소요되었고, 인스타그램은 약 2년 반이 소요되었다는 사실과 비교해 보았을 때 실로 전례 없는 속도의 사용자 수 증가 추이다. 그리고 이는 향후 생성형 AI가 산업을 막론하고 화두가 될 수밖에 없는 시발점이 됐다.

그림 2. 플랫폼별 사용자 수 100만 명 달성 소요 시간

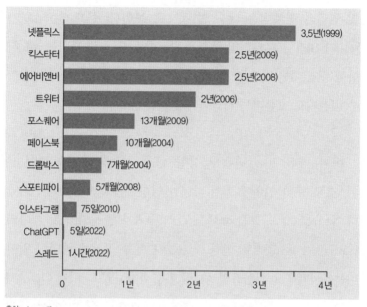

출처: wisernotify

    OpenAI는 이러한 세간의 관심에 화답이라도 하듯 놀라운 속도로 업그레이드와 새로운 서비스를 내놓고 있다. 최근 2024년 7월 25일에는 SearchGPT 프로토타입의 론칭 소식까지 발표했다. OpenAI의 설명에 따르면 SearchGPT는 생성형 AI를 기반으로 한 대화형 인터페이스 검색을 통해 즉시 직접적인 답변을 제공하는 검색 엔진으로 기존 구글이나 네이버처럼 단어 기반 검색을 통해 페이지를 넘겨 가며 여러 웹페이지를 찾던 것과 달리, 사용자의 검색 경험 자체를 근본적으로 혁신하려는 OpenAI

의 야심 찬 프로젝트이다. SearchGPT가 검색 엔진 시장에 미칠 영향과 잠재력은 매우 클 것으로 보인다. 실제 OpenAI가 SearchGPT 프로토타입 론칭을 발표한 날 구글의 주가는 3% 하락했는데, 이는 더 이상 글로벌 검색 엔진 시장을 구글이 독점할 수 없을지도 모른다는 시장의 불안감을 반영한다.

이와 같이 2024년은 생성형 AI가 기술적 발전을 넘어 사회, 경제, 문화 전반에 걸쳐 막대한 영향력을 행사하는 원년이었다. SearchGPT 출시 외에도 GPT-4.5가 출시되었고, 메타의 Llama3(라마3) 출시로 인한 ChatGPT 독주 체제에 균열이 일어나는 등 빅테크 기업들의 AI 경쟁이 심화되었고, 이에 OpenAI는 GPT 스토어를 출시했다. 그리고 2024년 3월 EU에서 세계 최초로 「인공지능에 대한 포괄적 규제 법안」을 통과시키는 등 생성형 AI에 대한 윤리적 논쟁과 규제에 대한 논의 역시 심화되고 있다.

생성형 AI의 발전 속도는 날이 갈수록 빨라지고 있으며 산업 전반에 미칠 확장성과 잠재력이 크다는 점에서 투자자들이 주목해야 할 키워드 중 하나다. 2025년은 투자자 입장에서 '생성형 AI'라는 거대한 흐름을 투자에 어떠한 방식으로 접목해야 할지에 대한 고민을 더 이상 늦출 수 없는 해라고 할 수 있다.

표 10. 주요 생성형 AI 플레이어 및 특징

플레이어/ 개발사	주요 모델	특징
OpenAI	GPT 시리즈 (GPT-3, GPT- 3.5, GPT-4, GPT-4o 등), DALL-E, Codex	• 텍스트 생성, 이미지 생성, 코드 생성 등 다양한 분야에서 선도적 기술 보유 • 특히 GPT 시리즈는 자연어 처리 분야에서 혁신적인 성능을 보여주며 챗봇, 콘텐츠 제작 등에 널리 활용됨
Google	LaMDA, PaLM, Imagen, MusicLM	• 텍스트 개발 및 이미지 생성, 음악 생성 등 다양한 분야의 생성형 AI 모델 개발 • 특히 LaMDA는 대화 능력이 뛰어나며, Imagen은 고품질 이미지 생성에 강점을 보임
Meta (Facebook)	Make-A- Video, Make- A-Scene	• 텍스트 설명을 기반으로 동영상 및 이미지 생성 모델 개발 • 특히 Make-A-Video는 짧은 동영상 생성에 특화돼 있으며, Make-A-Scene은 사용자의 스케치와 텍스트를 결합해 이미지를 생성하는 기능을 제공함
Stability AI	Stable Diffusion	• 오픈 소스 이미지 생성 모델로, 다양한 스타일의 이미지 생성 가능 • 접근성이 높아 연구 및 개발 커뮤니티에서 활발하게 활용되고 있음
Midjourney	Midjourney	• 그림 생성에 특화된 AI 모델로, Discord 봇을 통해 서비스 제공 • 예술적인 이미지 생성에 강점을 보이며, 사용자의 창의성을 극대화할 수 있는 다양한 기능을 제공함
네이버	HyperCLOVA, HyperCLOVA X	• 한국어에 특화된 대규모 언어모델 • HyperCLOVA X는 챗봇, 콘텐츠 제작, 검색 등 다양한 서비스에 적용될 예정이며, 한국어 생성형 AI 시장에서 경쟁력을 확보할 것으로 기대됨
카카오	KoGPT	• 한국어 특화 언어 모델로 챗봇, 번역, 요약 등 다양한 서비스에 활용 가능 • 카카오톡 등 자사 서비스와의 연계를 통해 시너지 효과를 창출할 것으로 예상됨

출처: 룩센트

생성형 AI와 GPT의 개념 및 주요 플레이어

생성형 AI란 콘텐츠를 생성하는 능력을 갖춘 인공지능의 한 종류이다. 기존 데이터를 학습해 새로운 데이터를 생성할 수 있는 특징을 가지고 있으며, 콘텐츠 제작과 커뮤니케이션, 문제 해결, 교육 등 다양한 분야에 활용되고 있다. 대표적인 생성형 AI 시장의 플레이어에는 ChatGPT를 운영하고 있는 OpenAI, LaMDA를 운영하는 Google, 그림 생성에 특화된 생성형 AI 서비스를 제공하는 Midjourney 등이 있다.

그중 우리가 가장 자주 들어본 생성형 AI 관련 용어는 'GPT Generative Pre-trained Transformer'일 것이다. 'GPT'는 구글이 개발한 AI 모델 기술 '트랜스포머'를 기반으로 미국의 스타트업 OpenAI가 개발한 생성형 모델로, 초거대 AI 시장에서 혁신을 불러오는 생성형 AI 모델로 주목받고 있다. 2018년 GPT-1이 출시됐으며, 2023년 GPT-4 및 개량 모델이 출시되기까지 파라미터와 학습 데이터 크기의 확장 및 활용 방식의 다양화를 통해 GPT 모델을 계속해서 발전시키고 있다.

특히 GPT-3.5의 등장은 생성형 AI 시장에서 큰 화제가 됐는데, 이는 GPT-3.5가 기존 GPT 모델 대비 발전된 학습 방식과 다양한 활용 방식을 기반으로 혁신적 가치를 제공했기 때문이다.

첫 번째 특징은 학습 방식을 강화했다는 것이다. 이전의 GPT-3까지는 기존 트랜스포머 모델의 비지도 학습 방식을 강화하는 방법을 채택했다면, GPT-3.5에서는 강화학습 방식을 택함으로써 추출되는 데이터의 적합성을 높였다. 비지도 학습 방식은 AI가 스스로 학습해 성능 개선을 가속하는 방식이었다면, 강화학습 방식은 인공지능이 자체적으로 답변을 생성하나, 생성된 답변에 대한 인간 교육자의 적합도에 대한 판단이 포함된다. 그리고 이에 따른 보상 모델Reward Model을 추가적으로 구축함으로써 사람의 언어와 더욱 유사한 모델을 생성할 수 있도록 한 것이다. 따라서 GPT-3.5는 이전 모델보다 훨씬 자연스럽고 맥락을 이해하는 대화 능력을 보여주는 등 인간과 상호작용하며 소통할 수 있다는 가능성을 보여줬다.

두 번째 특징은 다양한 분야에서의 활용 가능성을 확대했다는 것이다. GPT-3.5 기반의 ChatGPT 출시 및 유료화, 음성 인식 기반 텍스트 변환 모델인 Whisper 출시, 마이크로소프트 'Bing'의 GPT 기반 AI 서비스 도입 등 활용 가치를 다양화하는 데 중점을 뒀다.

세 번째 특징은 다양한 응용 서비스의 등장 기회를 열어 두었다는 것이다. OpenAI는 GPT 모델의 API를 공개함으로써 다양한 기업이 GPT의 성능을 적용한 AI 응용 서비스를 출시할 수 있도록 하고 있다. 결론적으로, GPT-3.5의 출시는 기존 GPT 모델 대비 발전된 학습 방식을 기반으로 다양한 분야에서의 AI 기술 활용 가능성을 체감할 수 있도록 한 중요한 분기점이 됐다.

그림 3. GPT 모델 발전사

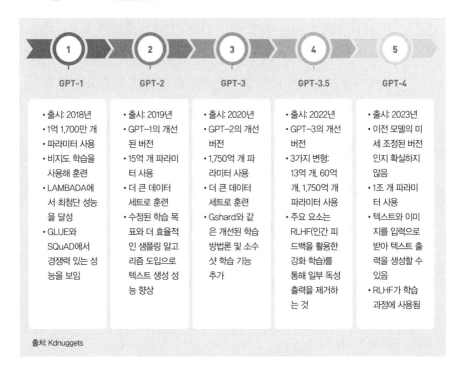

출처: Kdnuggets

생성형 AI 산업의 최근 트렌드: 온디바이스 AI, sLM, RAG

최근 생성형 AI가 다양한 분야에서 본격적으로 활용되며 다양한 방식으로 응용되고 있다. 이러한 과정에서 특히 주목할 만한 키워드 세 가지를 골라 소개해 보고자 한다.

첫 번째 키워드는 온디바이스 AI다. 대형 AI 모델과 클라우드를 기반으로 하는 AI 시스템 운영은 높은 인프라 구축 및 운영 비용과 보안 문제 등을 안고 있다는 단점을 가지고 있다. 이에 비해 외부 통신 없이 이용자가 사용하는 스마트 디바이스 내에서 운영되는 AI 모델을 탑재해 구동하는 온디바이스 AI가 주목받고 있다. 클라우드 기반 AI가 대형 AI를 중심으로 운영되는 것과 달리, 온디바이스 AI에서 소형 AI는 이용자가 사용하는 전반적인 서비스의 운영을 담당한다. 그리고 대형 AI는 전반적인 AI 모델의 성능을 강화하고 소형 AI에 대한 지속적인 업데이트를 통해 성능을 향상하는 역할을 담당한다.

결국 온디바이스 AI는 최종적으로 결과물이 활용되는 노트북, 스마트폰 등의 디바이스에서 텍스트, 영상, 사진 등의 데이터 전반을 활용한 다양한 서비스를 제공 가능할 것으로 보인다. 실제 삼성전자에서 갤럭시 시리즈에 탑재한 갤럭시 AI는 통화 내용

통역, 사진 및 동영상 편집, 녹음 요약, 통역 등의 다양한 기능을 제공해 사용자 편의성을 향상했다.

두 번째 키워드는 소형 언어 모델SML: Small Language Model **이다.**
대형 AI 모델을 운영하는 데 필요한 전력, 인프라 등의 문제로 인해 AI 서비스 확대에 어려움을 겪는 점을 극복하기 위해 등장한 것이 소형 AI 모델이다. 기존의 대규모 언어 모델이 지속적으로 파라미터 수를 확대함으로써 기능을 강화했던 것과 달리, 일반적으로 340억 개 이하의 파라미터 수를 기반으로 구성된 모델을 칭한다. 소형 언어 모델은 작은 사이즈의 AI 모델로 대규모 언어 모델보다는 제한된 태스크를 수행하지만 사전 학습된 데이터를 기반으로 생성형 AI의 주요 기능을 구현할 수 있으며, 대규모 인프라가 필요하지 않다는 점에서 온디바이스 AI 구현이 가능하게 하는 필수 요소이다.

세 번째 키워드는 검색 증강 생성RAG: Retrieval-Augmented Generation **으로, 기본의 언어 모델에 외부 지식을 결합해 더욱 정확하고 최신의 정보를 참조하도록 하는 방식이다.** 기존의 대규모 언어 모델이 학습 시점의 데이터에 기반한 지식만을 가지고 있으며, 실제로 존재하지 않는 정보를 생성해 내는 환각Hallucination 현상을 보이고, 특정 분야에 대한 심도 있는 전문 지식을 갖기는 어렵다는 한계점을 극복하기 위해 등장한 기술이다. 외부 데이터베이스를 활용해 최신 정보를 반영하는 한편, 정확도를 향상하고 특정 분야의 전문 지식을 쉽게 통합할 수 있어 다양한 분야에 적용이 용이하다는 특징이 있다. 다만 기존 대규모 언어 모델에 검색 과정이 추가돼 더 많은 계산 리소스를 필요로 한다는 점과 외부 데이터베이스의 품질에 검색 증강 생성의 성능이 크게 좌우된다는 것 등의 한계가 존재한다.

생성형 AI의 투자 길라잡이: 북미 시장 톺아보기

생성형 AI를 투자에 어떻게 접목할지 알아보기 위해서는 생성형 AI의 발전이 가장 빠른 속도로 이루어지고 있는 북미 시장을 보는 것이 가장 좋은 방법이라고 할 수 있다. 북미는 한국 대비 AI 분야의 전반적인 기술 수준이 높으며, 생성형 AI 관련 투자가 비교적 활발하게 이루어지고 있는 시장이기 때문이다.

산업 및 시장 전문 데이터 플랫폼 Capital IQ에 따르면 2022년 1월~2024년 6월까지 북미 지역에서 이루어진 생성형 AI 관련 사모펀드 투자는 222건인데 반해, 아시아 지역에서 이루어진 투자는 49건에 불과했다. 따라서 투자 케이스가 풍부한 북미 시장의 사례를 통해 생성형 AI 투자에 어떠한 방식으로 접목할 수 있는지 확인하고, 이를 국내 투자 시장에서 생성형 AI에 투자할 때의 길잡이로 활용할 수 있을 것이다.

북미 사모펀드의 투자 동향: 직접적 투자를 회피한다

북미 사모펀드들의 생성형 AI 관련 투자 사례들을 훑어봤을 때, 가장 큰 공통점은 생성형 AI라는 기술 자체에 직접 투자하는 경우는 드물다는 것이다. Microsoft는 OpenAI에 세 차례에 걸쳐 투자하고, AI 기술을 공동 사용하는 등의 파트너십을 맺었다. 하지만 사모펀드가 생성형 AI를 개발하는 기업에 직접적으로 투자하는 경우는 찾기 어렵다. 현재 가장 주목받는 기술임에도 사모펀드가 생성형 AI에 직접적으로 투자하는 것을 꺼리는 이유는 무엇일까?

첫 번째 이유는 생성형 AI가 초기 기술이다 보니 높은 위험과 불확실성을 가지고 있다는 것이다. 생성형 AI 시장 자체가 성숙한 시장이 아니다 보니 특정 플레이어가 안정적인 시장 수요를 확보하지 못할 수 있다는 불확실성이 존재한다. 또한 기술이 급격하게 발전하고 있는 특성상 특정 플레이어가 기술의 발전 속도를 따라가지 못하고 도태될 위험 역시 존재한다. 이러한 상황에서 사모펀드가 하나의 생성형 AI 플레이어를 선택해 직접 투자하는 것은 위험한 일이 될 수 있다.

두 번째 이유는 생성형 AI 기술 자체는 투자 기간이 길어 사모펀드에게 적합한 포트폴리오가 아니라는 것이다. 일반적으로 사모펀드들은 펀드의 회수를 위해 포트폴리오 보유기간을 5년 내외로 잡는다. 하지만 생성형 AI 기술은 성숙기에 접어들기까지는 아직 상당한 시간이 필요하며, 수익을 창출하는 데는 더 오랜 시간이 걸릴 수도 있다는 점에서 사모펀드에게 적합한 투자처가 아니다.

세 번째 이유는 생성형 AI 애플리케이션 자체로는 입증된 비즈니스 모델이 부족하다는 것이다. 대부분의 생성형 AI는 아직 초기 상용화 단계에 있으며 수익 모델이 부족하다. 가장 많은 사용자 수가 확보된 ChatGPT를 운영하고 있는 OpenAI조차 2024년 적자가 최대 약 7조 원에 달할 수 있다는 보도자료가 나왔다. 결국 생성형 AI는 유료 서비스 구독자나 API 사용료 외에도 추가 수익 모델이 입증돼야만 모델 및 구축에 들어가는 훈련 비용을 감당하고 수익을 낼 수 있을 것으로 보인다는 점에서 사모펀드가 수익을 낼 수 있는 투자처로 적절하지 않다.

네 번째 이유는 생성형 AI에 대한 윤리적 논쟁 문제와 불명확한 규제이다. 생성형 AI를 구축하는 과정에서 일어나는 데이터 도용, 노동 착취, 에너지 과소비 외에도 활용 과정에서 발생할 수 있는 허위 정보와 딥페이크 생성, 편향성과 차별 조장, 저작권 침해 등 윤리적 논쟁은 끊이지 않고 있다. 이러한 논쟁으로 인해 규제에 대한 논의는 계속해서 진화하고 있으며, 2024년 3월 EU에서 세계 최초로 「인공지능에 대한 포괄적 규제 법안」을 통과시키는 등 규제가 구체화되어 가고 있다. 이후 메타가 Llama3를 EU 국가에서 철수하기로 결정하는 등 규제가 구체화될수록 생성형 AI 사업자에게도 직접적인 영향을 미칠 가능성이 크다는 점에서 사모펀드가 직접 투자하기에는 적절하지 않다.

북미 사모펀드의 간접 투자 영역: 'Enabling tech'와 확장형 서비스

그렇다면 북미 사모펀드들은 생성형 AI가 직접 투자하기에 적절하지 않은 영역이라는 이유로 투자에 손 놓고 있을까? 생성형 AI는 놓치기 너무 아깝고, 앞으로 뜰 것이 눈에 빤히 보이는 투자 영역이다. 따라서 북미 사모펀드들은 직접적 투자를 회피하되 생성형 AI에 간접적으로 투자할 수 있는 방법을 찾아냈다.

첫 번째 방법은 'Enabling Technology'에 투자하는 방식이다. 한국어로는 '활성화 기술' 정도로 번역할 수 있는데, 단독으로 혹은 관련 기술과 결합해 기존 기술의 성능에서 엄청난 도약을 이뤄낼 수 있는 수단을 제공하는 기술을 의미한다. 북미의 사모펀드들은 생성형 AI의 Enabling Technology, 즉 생성형 AI를 개발하고 배포하는 데 필수적인 인프라, 하드웨어 또는 소프트웨어 툴을 제공하는 회사에 투자함으로써 위험을 회피하고, 생성형 AI의 기술 발전에 따른 수익을 공유하는 방식을 택한다.

표 11. 북미 사모펀드 AI Enabling Tech 투자 사례

(단위: 백만 달러)

투자사	타깃 기업	투자 연도	투자 금액	비고
Sequoia Capital Operations LLC	Snowflake	2020	461.40	클라우드 기반 데이터 웨어하우스 기업
Celesta Capital	SambaNova Systems	2021	678	AI 반도체 기업
Sequoia Capital Operations LLC	Sourcegraph	2020	50	생성형 AI의 개발 및 배포를 지원하는 소프트웨어 기업

출처: Capital IQ

두 번째 방법은 생성형 AI를 기반으로 확장한 비즈니스에 투자하는 방식이다. 이러한 방식은 생성형 AI 기술 자체가 가지고 있는 입증된 수익성 모델이 부족하다는 단점을 극복하고, 빠르게 투자금을 회수할 수 있는 방법이라는 점에서 많은 사모펀드

가 선호하고 있다. 실제로 베인 캐피탈, 칼라일 등 여러 사모펀드가 생성형 AI 스타트업에 투자하기 위한 벤처캐피탈을 설립하고 있으며, 여러 스타트업에 대한 투자가 빠르게 이루어지고 있다.

표 12. 북미 사모펀드 AI 확장 비즈니스 투자 사례

(단위: 백만 달러)

투자사	타깃 기업	투자 연도	투자 금액	비고
Insight Venture Management, LLC, Coatue Management, LLC	Jasper AI	2023 2023	272.12 272.12	마케팅 콘텐츠 생성 AI 플랫폼
Coatue Management, LLC, Lightspeed Ventures, LLC	Satbility AI	2024 2024	79.89 79.89	이미지 생성 AI 플랫폼
General Catalyst Group Management, LLC, Institutional Venture Partners	Grammarly	2019 2019	92 92	AI 기반 문법 교정 도구
Kleiner Perkins Caufield & Byers GV Management Company, LLC	Synthesia	2023 2023	90 90	AI 기반 영상 제작 플랫폼

출처: Capital IQ

향후 투자 전략: 가치평가를 고려한 간접 투자

북미의 사모펀드 투자 시장 동향을 고려해 보았을 때, 한국의 사모펀드들이 생성형 AI 산업에서 가져가야 할 투자 전략도 크게 다르지 않을 것으로 보인다. '활성화 기술과 확장형 비즈니스에 대한 투자'는 신생 기술에 직접 투자할 때 부딪힐 수 있는 위험 요소를 회피하는 한편, 산업 전반에 영향을 미칠 생성형 AI라는 거대한 흐름을 빠르게 투자 포트폴리오에 포함할 수 있는 좋은 방법이 될 수 있다.

다만 생성형 AI 관련 기술 자체가 초기 단계이고, 투자할 수 있는 기업 자체도 제한된 탓에 기업들의 가치평가가 타 산업 분야 대비 고평가된 상황으로 무리하게 포트폴리오에 편입할 경우 펀드의 수익성 자체를 위협할 수도 있다. 그러나 기술 초기 단계에 진입하려는 펀드들에게 기회가 제한적이고 경쟁이 치열한 것 또한 사실이다. 따라서 펀드는 자신들만의 특색 있는 방향성과 콘셉트를 분명히 하고 빠르게 옥석을 가려내어 '생성형 AI'라는 트렌드를 포트폴리오에 접목할 수 있어야 할 것이다.

18

급변하는 리테일 환경: C-커머스의 공습

최근 유튜브에서는 '알리깡', '테무깡'이라는 이름이 붙은 영상을 손쉽게 찾아볼 수 있다. 알리익스프레스나 테무에서 저렴한 물건을 대량으로 구매해서 박스를 개봉하는 것을 찍은 콘텐츠다. 영상을 보다 보면 누가 저런 것들을 돈 주고 사나 싶을 만큼 질 나쁜 것들도 많지만, 의외로 그중 기대하지 않았는데 가격 대비 괜찮아 보이는 물건들도 가끔 있다. 유튜버 중에도 반쯤 재미로 물건들을 구매하는 사람이 있는가 하면, [알리익스프레스에서 꼭 구매해야 할 물건들 best 3] 같은 제목을 붙여 가격 대비 품질이 좋은 물건들을 골라 소개하는 사람도 있다. 짧은 쇼츠부터 긴 영상까지 알고리즘에 잠시 몸을 맡기다 보면 C-커머스의 인기를 몸으로 체감할 수 있다.

COVID-19 시기를 지나면서 한국 리테일 시장은 '이커머스 중심의 재편, 오프라인 매장의 쇠퇴'라는 큰 변화를 겪게 되었다. 이는 기존 리테일 강자들의 입지가 흔들리고 쿠팡, 네이버 등의 이커머스 리테일러가 급격하게 성장하는 계기가 되었다. 그리고 2023년 후반부터 2024년 현재, 'C-커머스의 급격한 국내 성장'으로 인해 한국 리테일 시장은 다시 한번 지각 변동을 겪고 있다. 소규모 이커머스 리테일러들은 당장의 생존을 위협받는 상황이고, 거대 이커머스 리테일러들도 당사 기준으로 재편된 이커머스 리테일 시장의 주도권 줄다리기를 하는 중이다.

리테일 산업은 경제 전반에 영향을 주는 영향력 있는 산업이자 소비자와의 최종 접점이라는 점에서 언제나 투자자들에게 중요한 포트폴리오 영역 중 하나였다. 투자자들에게 2025년은 급변하는 리테일 환경에 어떻게 대응하고, 그 과정에서 새로운 투자 기회를 찾을 수 있을지 고민해 봐야 하는 한 해가 될 것이다.

C-커머스의 국내 상륙: 억만장자처럼 쇼핑하라

2018년 알리익스프레스의 한국 서비스 론칭 이후 2023년 테무, 2024년 쉬인이 한국에 본격 서비스를 시작했다. 이들 C-커머스는 중국의 막강한 제조업 능력과 마케팅 비용을 기반으로 한 초저가 전략으로 공세를 펼쳤다. 그리고 한국어 지원 기능과 간편 결제 시스템을 갖추고 빠른 배송 환경을 구축함으로써 편리한 이용 환경을 갖춰 소비자들을 빠르게 끌어모아 국내 이커머스 시장에 타격을 입혔다. 실제 테무의 월평균 이용자 수는 2023년 8월 론칭 시 52만 명이었으나, 2024년 3월 829만 명으로 15.9배 증가하는 등 성장세가 뚜렷하다.

국내 이커머스 업계에서는 C-커머스의 이용자 수가 많은 것 대비 거래액이 낮다는 점과 충성고객 록인Lock-in 효과의 지속 여부에 의문을 제기하고 있다. 그러나 C-커머스의 성장세를 볼 때 분명 한국 리테일 업계에 위협이 되는 것은 사실이며, 무시할 수 없는 플레이어다. 또한 알리익스프레스는 향후 3년간 한국 시장에 약 11억 달러를 투자하겠다는 계획을 밝히는 등 C-커머스 플레이어들은 지속적인 한국 시장 확장 계획을 발표하고 있다.

C-커머스가 한국 시장을 집중 공략하게 된 이유는 여러 가지가 있다.

첫 번째로는 중국의 내수 부진으로 인해 중국 정부 차원에서 기업의 해외 진출을 정책적으로 지원하고 있기 때문이다. 중국은 COVID-19로 인한 팬데믹의 장기화, 부동산 시장 침체, 청년 실업률 증가로 인해 최근 몇 년간 성장 둔화와 내수 시장 침체를 겪어 왔다. 중국 정부는 이러한 어려움을 타개하기 위해 규제 완화와 다양한 인센티브 제공을 통해 기업의 해외 투자 및 수출을 적극적으로 장려하고 있다.

두 번째 이유는 중국과 한국이 지역적으로 가깝고 국내의 물류 인프라가 잘 갖추어져 있다는 것이다. 두 국가 간의 거리가 가깝기 때문에 배송에 소요되는 시간이 타 국가 간 대비 절대적으로 절약된다. 그리고 한국 내 물류 인프라가 촘촘하게 깔려 있기 때문에 국내 배송망이 잘 갖추어져 있어 상품이 국내 배송에 소요되는 시간은 1~2일이면 충분하다. 따라서 C-커머스가 한국 내에서 자체 물류망을 갖추기 이전까지 손쉽게 빠른 배송 시스템을 구축할 수 있다는 점에서 유리하다.

세 번째 이유는 C-커머스가 한국에서의 비즈니스 모델 확보를 통해 동남아시아로의 시장 진출 및 확대 계획을 수립할 수 있다는 점이다. 한국은 아시아 시장 내에서 새로운 트렌드에 민감하게 반응하는 국가 중 하나로, 한국의 의류와 화장품 등은 동남아시아에서 K-패션과 K-뷰티라는 이름으로 흥행하고 있다. C-커머스는 한국 시장에서의 진출 경험을 기반으로 상품 기획 및 마케팅 전략을 개선할 수 있으며, 이를 바탕으로 동남아시아 및 기타 글로벌 시장으로의 진출 및 확대 계획을 수립할 수 있다.

C-커머스의 부수적 효과:
'파이의 확대'와 '줄다리기'의 시작

C-커머스가 한국에 진출함으로써 국내 이커머스 시장은 다시 한번 무한 경쟁 체제에 돌입하게 되었다. 하지만 C-커머스가 단순히 국내 이커머스 시장에 저가 경쟁을 유도하는 악역만을 도맡았다고 말하기는 어렵다. C-커머스의 한국 이커머스 시장 진출은 국내 플레이어들의 경쟁 심화 외에도 다른 방향에서 두 가지 변화를 가져왔다.

첫 번째는 기존 이커머스 소비자층의 외연 확장이다. C-커머스의 진입은 단순히 기존 한국 이커머스 리테일러의 고객을 확보하는 것뿐만 아니라, '직구'를 경험해 보지 못했던 사람들을 시장에 유입했다. 현재까지 C-커머스의 사업 모델은 본질적으로 '직구', 즉 중국에서의 해외 직접구매를 플랫폼화한 것이다. 기존의 직구를 경험하기 위해서 배송대행지 등을 활용해야 했던 불편함을 없애고, 소비자가 알리익스프레스, 테무, 쉬인 등의 C-커머스 플랫폼에서 상품을 결제하면 물류센터에서는 모든 상품을 한 번에 묶어서 배송한다. 그리고 이를 해외 개인 직접구매로 통관시켜 소비자에게 전달한다. 이러한 시스템은 과거 직구를 한 번도 이용해 보지 않았던 소비자들에게 국경을 초월하는

D2C^{Direct to Customer} 커머스를 경험하게 하는 계기이자, 이커머스 소비자층의 외연이 확장되는 계기가 됐다.

두 번째는 거대 이커머스 플랫폼과 입점 업체 간 주도권 줄다리기의 계기가 될 수 있다는 점이다. COVID-19로 인한 팬데믹 기간 동안 쿠팡, 네이버, 컬리 등의 이커머스 리테일러들이 급격하게 성장하면서 입점 업체들에게 행사하는 영향력 역시 점점 커져 왔다. 그리고 그 과정에서 여러 가지 갈등이 불거져 나왔다. 그중 하나가 쿠팡과 CJ제일제당의 갈등이다. 2022년부터 시작된 양사의 갈등은 로켓배송이라는 거대한 물류망과 2,000만 명에 가까운 유료 회원들을 보유하고 있는 쿠팡이 계약 불이행을 이유로 CJ제일제당의 상품 발주를 중단한 것에서부터 시작됐다. 그런데 CJ제일제당 측은 해당 갈등 원인을 마진율 협상 결렬에 대한 보복성 조치라고 주장했다.

해당 갈등이 지속되던 중, 2024년 3월 CJ제일제당이 알리익스프레스의 K-베뉴관에 입점하기로 결정하면서 국내 신선식품 유통 업계에 파장을 일으켰다. CJ제일제당의 알리익스프레스 입점에는 여러 가지 이유가 있었을 것이다. 알리익스프레스를 비롯한 C-커머스의 국내 영향력 확대, 국내 이커머스 리테일러 대비 파격적으로 낮은 수수료와 마케팅 지원 등은 분명 CJ제일제당에게 매력적인 요건이다. 하지만 그 외에도 중요한 입점 이유

중 하나는 C-커머스의 입점을 통한 쿠팡의 견제였을 것이다. 쿠팡은 분명 로켓배송과 유료 회원이라는 거대한 힘을 보유한 플랫폼 업체로서 양사 간 갈등의 주도권을 쥔 업체이다.

하지만 CJ제일제당 역시 식품 업계 점유율 1위를 차지하고 있는 기업으로 높은 충성도를 가진 제품들을 보유하고 있으며, 쿠팡의 유료 회원들도 여전히 CJ제일제당의 제품들을 로켓배송으로 사기를 원하고 있었다.

이러한 상황에서 CJ제일제당이 타 이커머스 플랫폼 외에도 알리익스프레스라는 또 하나의 채널에 입점해 쿠팡을 견제한다면 어떻게 될까?

알리익스프레스와 경쟁해 점유율을 유지하고 매출을 확대해야 하는 쿠팡이 충분한 매출을 보장하는 브랜드들을 보유하고 있는 CJ제일제당과 언제까지 거래를 중단할 수 있을까?

결국 2024년 8월 18일, 쿠팡과 CJ제일제당은 약 1년 8개월 만에 전격적으로 거래를 재개했다. 쿠팡 소비자들은 햇반과 비비고 만두, 스팸 등의 CJ제일제당 상품들을 로켓배송으로 구매할 수 있게 됐고, CJ제일제당도 그간 정체를 겪은 국내 식품 매출을 확대할 수 있게 된 것이다. 이렇듯 C-커머스의 한국 시장 점유율 확대는 기존 한국 시장을 과점하고 있던 거대 이커머스 리테일러들과 입점 업체들 간의 줄다리기를 다시 시작하는 계기가 될 가능성이 크다.

C-커머스가 리테일 산업에 가져올 변화

C-커머스의 국내 진출은 한국 리테일 산업에 다양한 변화를 가져올 것으로 예상된다.

첫 번째로는 온라인 시장의 확대 및 경쟁 심화, 수익성 악화가 가속화될 것으로 보인다. C-커머스의 성장으로 인해 이커머스 소비자층 외연이 성장함과 동시에, 소비자들의 온라인 쇼핑으로의 전환을 더욱더 가속화하고 있다. 이는 기존 오프라인 중심의 리테일러들에게 더욱더 큰 위협이 되고 있으며, 이커머스 리테일러들 간의 경쟁도 더욱 치열해지고 있다. 특히 C-커머스가 초저가 전략을 중심으로 마케팅 전략을 펼치고 있기 때문에 자체 물류 체인 등의 경쟁력을 갖추지 못한 리테일러들은 C-커머스에 대응하기 위해 전반적으로 가격을 인하하고 있어 수익성이 악화될 것으로 예상된다.

두 번째 변화는 물류 시스템의 중요성 증대이다. 온라인 쇼핑에서 빠른 배송과 반품 서비스는 이제 필수 요소가 됐다고 해도 과언이 아니다. 하지만 C-커머스가 관세와 품질 인증이라는 두 가지 위험 요소의 해결 방법을 찾기 전까지는 계속해서 해외 직접구매의 형태를 취해야 하고, 필수적으로 '중국 물류창고 배송-

국내 통관'의 추가 소요 시간이 필요하다. 이러한 방법을 사용하는 한 국내 리테일러들의 '빠르고 효율적인 물류 시스템'은 여전히 주요한 강점이 될 수 있다.

세 번째는 소비자 데이터의 활용 증가이다. C-커머스는 소비자 데이터를 적극적으로 수집하고 빅데이터 분석을 통해 맞춤형 상품 추천 및 마케팅을 제공하고 있다. 이는 국내 리테일러들에게도 데이터 분석 역량 강화의 필요성을 제기하고 있다.

투자 기회 찾아보기: 물류 인프라와 소비자 데이터 활용

격변하는 리테일 산업 환경 속에서 우리는 리테일 산업에 직접적으로 투자하기보다는 리테일 산업이 가져오는 변화에 발맞춰 간접적 투자 기회를 찾아볼 수 있다.

첫 번째는 물류 인프라에 대한 투자이다. C-커머스와의 경쟁이 심화함에 따라 국내 이커머스 리테일러들의 경우는 물류 부동산에 대한 투자보다는 기존 물류 인프라를 고도화 및 자동화하는 데 대규모 투자를 할 것으로 보인다. 따라서 '어떻게 비용을 줄이고 빠르게 배송할 수 있는가'라는 문제를 해결해 줄 수 있는 다양한 기술에 대한 검토와 투자 기회 개발이 필요하다.

또한 C-커머스의 한국 내 물류 인프라 투자 역시 고려해야 할 경우의 수이지만, 물류센터 직접 투자는 기존에 회피해 오던 관세, 인증 문제 등을 해결해야 한다는 이슈가 있어 장기적으로 바라봐야 한다는 문제가 있다.

표 13. 물류 인프라 고도화 기술 및 유망 기업

기술	기술 설명	유망 기업
자동화 및 로봇 기술	물류 로봇, 컨베이어 시스템, 자동 분류 시스템, 자동 적재 시스템 등을 활용해 상품 이동, 분류, 포장 등의 작업 처리 속도 및 정확도 향상	Dematic, Vanderlande KNAPP AG
인공지능 및 머신러닝	수요 예측을 통한 재고 관리, AI 알고리즘을 통한 경로 최적화 및 배송 기간 단축, 챗봇 및 가상 비서를 통한 고객 서비스 개선	Suffescom Solutions Rising Max Nexocode
사물인터넷 (IoT) 및 센서 기술	스마트 센서를 통한 화물의 안전 확보 및 품질 관리, 물류 장비 및 시설, 운송 수단 등을 IoT로 연결해 데이터를 수집하고 원격 제어 및 모니터링을 통해 운영 효율성 향상	Etheclo Samsara Eyedentify
빅데이터 및 분석 기술	물류 프로세스 전반의 방대한 데이터를 분석해 병목 현상을 파악하고 개선점 도출, GPS나 RFID 등을 활용해 화물을 실시간으로 추적해 문제 발생 시 신속히 대응	Kizy Tracking Beam Tracking Fleetio

출처: 룩센트

두 번째는 소비자 데이터 활용 기술에 대한 투자이다. C-커머스가 소비자 데이터 기반의 AI 활용 마케팅에 강점을 가지고 있다는 것을 고려해 볼 때, 국내 이커머스 업계도 이에 대항하기 위해 데이터 분석 및 활용 역량 강화의 필요성이 증대될 것으로 보인다. 이러한 필요성을 해결해 줄 수 있는 방법 중 하나가 Martech이다. Martech은 Marketing(마케팅)과 Technology(기술)의 합성어로, 마케팅 목표를 달성하기 위해 사용되는 다양한 기술 도구와 솔루션을 의미한다. Martech의 주요 기능 및 활용 분야는 다음과 같다.

- **데이터 수집 및 분석:** 웹사이트 방문자 데이터, 소셜 미디어 데이터, 구매 데이터 등 다양한 마케팅 데이터를 수집하고 분석해 고객 행동 패턴, 선호도, 관심사 등을 파악한다. 이를 통해 개인 맞춤형 마케팅 전략 수립 및 실행이 가능해진다.
- **캠페인 관리:** 이메일 마케팅, 소셜 미디어 광고, 검색 엔진 마케팅 등 다양한 마케팅 캠페인을 효율적으로 관리하고 자동화한다. 캠페인 성과 측정 및 분석을 통해 효과적인 마케팅 전략 수립에 도움을 준다.
- **콘텐츠 제작 및 관리:** 블로그, 웹사이트, 소셜 미디어 등 다양한 채널에 콘텐츠를 제작하고 배포하며, 콘텐츠 성과를 측정하고 관리한다.
- **고객 관계 관리**CRM: 고객 데이터를 통합 관리하고, 고객과의 상호작용을 추적하며, 개인 맞춤형 커뮤니케이션을 통해

그림 4. Martech Stack의 주요 예시

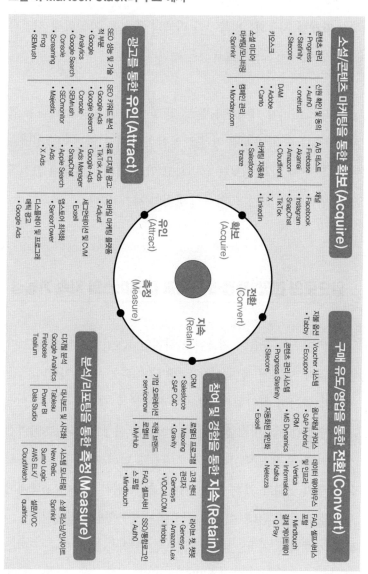

출처: CheifMartec

고객 관계를 강화하고 유지한다.

- **마케팅 자동화:** 반복적인 마케팅 작업을 자동화해 시간과 비용을 절약하고, 효율성을 높인다.

따라서 소비자 데이터를 분석 및 활용할 수 있는 Martech 업체 또는 AI 활용 마케팅 역량을 직접 보유하고 있는 리테일러들에 대한 투자 기회 검토는 급변하고 있는 리테일 업계에 간접적으로 투자할 수 있는 또 하나의 방법이 될 수 있다.

앞으로의 전망: 로컬의 반격과 C-커머스의 지속 가능성

C-커머스의 공습이 거세다고 하지만, K-커머스의 반격도 만만치 않다. 애초에 북미 시장을 아마존이라는 대형 이커머스 플랫폼이 완전히 장악했을 때도 한국은 물류 경쟁력을 기반으로 다양한 로컬 이커머스 강자들이 살아남은 시장이었다. C-커머스가 관세와 품질 인증이라는 장벽에 가로막혀 자체 물류 시스템을 갖추지 못하고 있는 한, K-커머스는 여전히 물류 경쟁력에서 우위를 점하게 된다. 이러한 상황에서 K-커머스 리테일러들은 물류 경쟁력을 기반으로 다양한 생존 전략을 펼치며 C-커머스의 공습을 막아내기 위해 노력하고 있다.

쿠팡은 로켓배송 권역을 전국으로 확대하는 계획을 발표하는 한편, 대만에서 론칭한 역직구 사업을 확장하는 것으로 해외 판매망을 확대하며 C-커머스의 역직구 사업 분야와 경쟁할 예정이다. 네이버쇼핑은 셀러 유치를 위해 일부 셀러에 한정적으로 개방하던 '고객여정분석 서비스'를 모든 브랜드 스토어 판매사에 전격 개방하는 등 셀러 혜택을 확대하고 있다.

G마켓도 C-커머스의 역직구 사업 분야와 직접 경쟁을 위해 쇼피와 협약을 맺고 이커머스 거래액이 급증하고 있는 몽골 시장에 진출했다. 이러한 전략들은 C-커머스가 우위로 내세우는 '초저가 전략'에 동일하게 맞서기보다는 K-커머스가 가지고 있는 고유하고 근본적인 경쟁력을 강화해 경쟁에 대응하겠다는 것으로 보인다.

또한 C-커머스의 지속 가능성 문제도 계속해서 언급되고 있는 이슈 중 하나다. 테무가 한 해 집행하는 마케팅 예산은 연간 5조 원에 달한다고 한다. 특히 C-커머스가 국내 시장 진출 초기인 만큼 점유율을 빠르게 높이기 위해 마케팅과 프로모션에 투자하는 비용은 타 국가 대비 더 클 것이다. 이렇듯 집중적인 마케팅 예산 집행은 영업이익에 직접적인 영향을 미치기 때문에 장기간 지속할 수는 없을 것이다. 그렇다면 공격적인 마케팅과 할인이 줄어들었을 때도 C-커머스의 성장세는 여전히 지속될 수 있을 것인지, 사용자 수와 거래액 규모를 유지할 수 있을지는 지켜봐야 할 문제이다.

또한 낮은 품질과 그로 인한 고객 만족도 역시 문제 요인으로 지적되고 있다. C-커머스에서 구입한 유아용품에서 기준치 이상의 유해 물질이 검출되거나, 구입한 물품이 사용할 수 없는 수준으로 금방 망가지는 등의 문제는 인터넷에서 흔하게 찾아볼 수 있다. C-커머스 플랫폼에서도 이 부분을 지속적으로 개선하려고 노력 중이지만, 초저가 물품이라는 특성과 품질 인증을 거치지 않고 직구 형태로 들어온다는 한계가 있는 한 빠르게 개선되기는 어려울 것으로 보인다.

여러 가지 약점과 한계에도 불구하고 C-커머스의 유입은 국내 리테일 생태계의 판도를 뒤바꿀 만한 계기이자, 기존 K-커머스 강자들이 긴장을 늦추지 않고 향후 전략 방향성을 다시 한번 고민하게 되는 리테일 업계의 중요한 분기점이 됐다. 이렇듯 리테일 업계가 요동치는 상황에서 투자자들은 각각의 리테일러들이 어떠한 전략을 통해 차별화를 꾀하고 경쟁력을 확보하는지 눈여겨보는 한편, 그들의 움직임에 따른 간접적 투자 기회를 포착하고 검토해 볼 필요가 있다.

19

밸류업 프로그램, 일본 거버넌스 개혁을 참고한 성공 전략 모색

2024년 2월 금융당국이 '밸류업 프로그램' 1차 가이드라인을 발표했고, 이후 여론을 수렴해 5월에 2차 가이드라인을 추가 발표했으나 시장의 반응은 불만족에 가까웠다. 재계가 기대한 세제 개편 등의 인센티브가 포함되지 않은 데다가, 기업 참여의 자율성을 강조하는 등 강제성이 제외되며 실효성이 없을 것이라는 의견이 대다수였다.

밸류업 프로그램이 가지고 있는 목적은 명확하다. 기업 가치 제고를 통한 기업의 자발적 주주환원 정책을 강화한다. 그리고 실질적인 주주환원 가치를 높이도록 유도해 코리안 디스카운트를 해소하고 외국인 투자금을 유입하는 것이다. 하지만 현재까지의 가이드라인은 인센티브와 강제성이 부족하고 모니터링과

평가 시스템이 부재해 기업들의 자발적인 참여를 끌어내기 힘들다는 것이 중론이다. 이에 대한 해결책 없이 기업들의 참여만을 강요하다가는 단기적 주가 부양을 위한 자사주 소각 등의 편법만이 이루어지는 등 실질적으로 밸류업 프로그램이 끌어내고자 했던 긍정적 결과를 얻기는 어려울 것이다.

밸류업 프로그램이 실질적으로 원활하게 운영되기 위해서는 향후 어떠한 방향성을 가지고 운영돼야 할지 해결책을 찾기 위해 일본의 사례를 참고할 필요가 있다. 한국의 밸류업 프로그램 자체가 일본의 사례를 참고해 디자인된 것으로 보이며, 일본은 실제 10여 년간 해당 프로그램을 운영하는 과정에서 여러 가지 실패와 성공 사례를 겪으며 프로그램을 본궤도에 성공적으로 올려놓았기 때문이다.

잃어버린 20년을 극복하기 위한 '두 개의 바퀴'

일본의 버블 경제가 1990년대 초반에 종료된 이후 약 20여 년간 계속된 경기 불황을 극복하기 위해 제2차 아베 내각은 '세 개의 화살' 정책을 제시했다. '대담한 금융 정책, 기동력 있는 재정 정책, 민간 투자 주도의 성장 전략'이라는 세 가지 정책을 종합적으로 전개해 장기간 지속된 디플레이션을 탈출하려는 것이 소위 이야기하는 '아베노믹스'였다.

첫 번째 화살인 '대담한 금융정책'은 전례 없는 양적 금융 완화 정책을 이야기하는 것이다. 2013년 1월 일본 정부와 일본 은행은 '디플레이션 탈피와 지속적인 경제 성장을 실현하기 위한 정책 연계에 대하여'란 제목의 공동성명을 발표하고, 전년 대비 소비자물가상승률 2% 달성을 목표로 대대적인 양적 금융완화 추진 의사를 표명한다. 그리고 4월에 개최된 '금융정책결정회합'에서 2012년 말 138조 엔이었던 통화량을 2014년 말까지 270조 엔으로 2배까지 늘리기로 결정한다.

두 번째 화살인 '기동력 있는 재정 정책'은 경기부양을 위한 대규모 재정 지출을 의미한다. 정부는 2013년 1월 일 일본경제 재생을 위한 긴급 경제 대책을 발표하고 총 13조 1,000억 엔의 추가경정예산을 마련할 것과 사회간접자본에 대한 예산 약 5조 5,000억 엔을 집행할 것을 발표한다.

세 번째 화살인 '민간 투자 주도의 성장 전략'은 '일본 재흥 전략'이라고도 불린다. 앞의 두 화살이 수요 진작을 통한 경제 활성화 정책이라면, 민간 투자 주도의 성장 전략은 공급 측면의 성장 기반 강화 정책이라 할 수 있다. 산업 기반을 강화하는 한편, 국내 시장과 해외 시장을 개척함으로써 일본 경제를 성장 가도에 올려놓겠다는 내용이다.

이 중 세 번째 화살인 '민간 투자 주도의 성장 전략' 중 하나로 일본 정부는 한국의 밸류업 프로그램과 유사한 정책을 기획하고 실행하게 된다. 일본 정부는 산업 기반을 강화하고 경제 성장을 이룩하기 위해서는 금융과 기업이 선순환 구조를 이뤄야 하고, 이를 위해서는 해외 투자자의 자금이 지속적으로 유입돼야 한다는 것을 인지했다. 또한 해외 금융기관의 투자 의사결정에서 중요하게 여겨지는 것 중 하나가 'ESGEnvironmental, Social and Governance'라는 것을 빠르게 인식했으며, 그중에서도 기업들이 거버넌스Governance 측면에서 취약하다고 보았다.

일본의 보수적인 기업 문화와 지배구조 때문에 기업 가치가 상대적으로 저평가돼 있고, 이로 인해 해외 투자금 유입에 어려움이 있다고 본 것이다. 일본 정부는 해외 투자금의 유입을 위해서는 기업의 지배구조를 투명하게 개선하는 실효성 있는 정책이 필요하다고 보는 한편, 연기금과 같이 자산을 수탁하고 운용하는 기관투자자가 수탁자의 책임을 다하도록 해 상장기업에 대한 압박을 높여 실효성을 높이고자 했다. 거버넌스 개혁을 위한 두 개의 바퀴, '거버넌스 코드'와 '스튜어드십 코드'의 등장이었다.

두 개의 행동 원칙을 통한 시장 개혁

2015년 제정된 거버넌스 코드는 기본적으로 기업의 행동 원칙을 표방한다. 상장기업이 중·장기적 정책과 투자자의 수익 향상을 목적으로 거버넌스 경영을 실천하기 위해 준수해야 하는 방침을 규정한 가이드라인으로 법률적 구속력은 없다. 그러나 준수하지 못할 경우 투자자에게 설명할 의무가 있는 'Comply or Explain(준수 혹은 설명)' 형식을 따르고 있다. 따라서 상장기업에게 거버넌스 코드는 실질적으로 법률적 구속력과 유사한 수준의 강제성을 갖게 된다.

2021년 개정된 2차 거버넌스 코드에서는 2022년 4월 도쿄증권거래소의 시장 개편으로 인해 구분된 3개 시장 중 '프라임 시장'의 기업들에게 전자투표 도입, 영문 공시 제공, 기후 관련 재무 공시에 대한 태스크포스 수준의 정보 공시 강화 등 '스탠더드'와 '그로스' 시장 기업 대비 '더욱 높은 수준의 거버넌스 개선 사항'을 요구하는 내용을 포함했다.

또한 도쿄증권거래소가 거버넌스 개선이 필요하다고 판단되는 기업에 적극적으로 관여하기 시작했다. 2023년 3월에는 PBR 1배 이하의 '프라임', '스탠더드' 시장 기업에 대한 거버넌스 개선 요구인 '자본 비용과 주가를 의식한 경영'을 발표하고 실천 방침과 구체적인 이행 목표를 매월 공개할 것을 요구한다. 그리고 해당 이행 목표를 공시한 기업 명단을 매월 공개하는 등 기업들을 적극적으로 압박하고 있다. 이후 도쿄증권거래소는 2024년 1월 기업 밸류업 우수사례집을 발표하며 각 산업의 기업별 주요 중·장기 기업 가치 제고 사례를 대응 포인트별로 제시하는 등 적극적인 리더십을 기반으로 기업들에게 지속적 기업 가치 제고를 권고하고 있다.

또한 일본 정부는 2014년 스튜어드십 코드 제정을 통해 거버넌스 코드 실행을 뒷받침했다. 거버넌스 코드가 기업의 행동 원칙이라면 스튜어드십 코드는 기관투자자의 행동 원칙이다. 투자자는 책임투자기관으로서 투자 수익만을 추구해서는 안 되며, 투자 기업이 성장할 수 있도록 지속 가능성Sustainability에 대해 기업과 적극적인 대화Engagement를 해야 한다는 것이 주요 내용이다. 투자자는 스튜어드십 코드에 따라 주주 총회에서 행사하는 주주 의결권 기준과 의결권 행사 결과를 공시하고 이해 상충에 대한 방침을 공표해야 한다. 그리고 투자 기업의 경영 현황에 대한 모니터링을 수행해야 한다. 즉 기업에 투자하는 기관투자자들이 거버넌스를 포함한 지속 가능 이슈를 기준으로 투자 의사 결정을 수행함으로써 기업이 거버넌스를 개선하도록 압박하는 동인을 제공하는 것이다.

실제 일본 금융 생태계 최상단에 위치한 GPIF(일본 공적 연금)

의 ESG 투자에 대한 확고한 의지 및 적극적 참여는 타 기관투자자들이 ESG 투자에 참여하도록 유도하는 중요한 요인이 된다. GPIF는 모든 위탁 운용기관을 대상으로 스튜어드십 원칙 도입, PRI 서명, 중대한 ESG 과제에 대한 적극적인 인게이지먼트 활동 등을 요청하고 있다. 또한 GPIF 자체 투자 운용 원칙 개정을 통해 '모든 투자 자산에 대해 ESG 요소를 반영한다'라고 명시하고 있다. 이렇듯 GPIF의 강력한 리더십하에 2024년 6월 30일 기준 스튜어드십 코드에 가입한 일본 기관투자자는 총 334개에 달한다.

그림 5. 일본 경제 선순환 구조

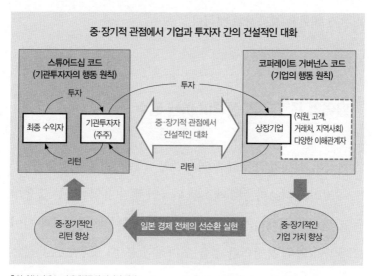

출처: 일본거래소, 미래에셋증권 리서치 센터

최근 일본 증시는 버블 경제 이후 최고치를 기록하고 있다. 닛케이 지수는 2024년 7월 현재 40,126으로 상승세를 기록하고 있고, 일본 주식시장에서 외국인 투자자 비중은 2012년 27%에서 2023년 32%로 증가했다. 저금리 정책이 우호적인 환경으로 작용한 것이 배경으로 꼽히지만, 이것만으로 일본 증시가 부활한 것을 모두 설명하기는 어렵다. 10여 년에 걸친 거버넌스 개혁으로 인해 일본 기업에 대한 신뢰도가 높아지고, 기업 실적이 개선됨으로써 외국인 투자자 유입이 증가하는 등의 복합적인 요인이 작용한 결과일 것이다. 도쿄증권거래소를 중심으로 한 정부의 강력한 리더십, GPIF를 중심으로 한 기관투자자들의 사회적 공감대 형성 및 적극적 참여, 기업의 자발적 노력이 합쳐져서 거버넌스 개혁을 성공시킨 것이다.

밸류업 프로그램: 선택이 아닌 필수

한국의 밸류업 프로그램 역시 초반에는 어려움을 겪을 수 있으나 코리안 디스카운트 해소와 외국인 투자 유입이라는 공동의 목표 달성을 위해서는 꼭 실행해야 할 과제다. 현재까지의 가이드라인이 일부 불명확한 점을 고려해 봤을 때 향후 고도화하는 과정에서 일본의 거버넌스 개혁을 벤치마킹할 가능성이 있다.

또한 일본의 거버넌스 개혁이 기업의 자발적 참여를 유도하지만 강제성이 있으며, 정부 주도의 Top-down 형식으로 운영되고 있다는 점을 미뤄 볼 때 한국의 밸류업 프로그램도 언젠가는 모든 기업이 실행해야 할 과제가 될 가능성이 크다.

밸류업 프로그램의 구속력이 강해진다는 것은 상장사들의 주주환원 정책을 극대화해야 한다는 것인데, 이는 곧 기업 가치 개선이 극대화돼야만 가능하다. 또한 기업 가치 개선의 극대화는 일상적인 기업의 운영 방식 개선으로는 불가능하다.

그렇다면 이러한 기업 가치 개선의 극대화를 가장 적극적이고 집중적으로 수행하는 투자자는 누구일까? 바로 사모펀드이다. 사모펀드는 포트폴리오 회사를 매입해 5년 내외의 기한 동안 기업 가치를 극대화한 후 매각하는 데 다수의 경험을 쌓은 프로페셔널이다. 이들은 밸류업 프로그램을 전문적으로 도와줄 컨설팅 펌들을 고용해 다양한 방식의 밸류업 프로그램을 실행한다. 다수의 인수기업은 물론, 대기업 계열사들을 통해 많이 알려진 TOP^{Total Operational Performance}, PSM^{Purchasing & Supply Management} 프로그램처럼 회사 내부의 본질적인 역량을 바탕으로 기업 가치를 끌어올리는 방식의 밸류업 프로그램부터 시작해서 성장성이 떨어지거나 중복되는 사업 분야를 통폐합하는 구조조정, 동종 업계 기업을 인수하거나 전·후방 기업을 인수해서 시너지를 확대하는 볼트온Bolt-on 전략 등 종합적인 시각에서 접근한 밸류업 프로그램을 시의적절하게 실행해 기업 가치를 극대화한다.

인터넷 포털에 사모펀드의 엑시트 관련 기사만 검색해 봐도 포트폴리오 기업의 인수 전후 실적 개선 관련 내용을 쉽게 찾아 볼 수 있다. 향후 기업들 역시 주주환원 정책 활성화를 위해 기업 가치 개선을 극대화해야 한다는 점을 생각해 볼 때, 이런 면에서 가장 앞서 나가고 있는 플레이어들이 사모펀드들이라는 점을 눈 여겨봐야 할 것이다.

그림 6. 기업 가치 극대화의 대표적인 방법론

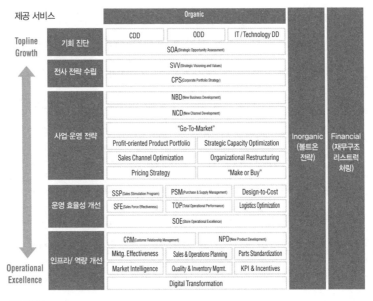

출처: 룩센트

지금까지의 밸류업 프로그램이란 사모펀드들의 포트폴리오 기업이나 소수 기업에서만 이뤄지던 프로그램이었다. 사모펀드에서 포트폴리오 기업 인수 후 컨설팅 펌을 통해 매각 전까지 기업 가치 개선을 위한 밸류업 프로그램을 실행하거나, 소수의 기업이 치열해지고 있는 시장 경쟁하에서 매출 및 수익성 개선을 위한 밸류업 프로그램을 컨설팅받는 정도에 그쳤다. 하지만 금융당국이 밸류업 프로그램을 전체 상장기업으로 확대하겠다면 이러한 밸류업 프로그램은 더 이상 소수의 기업만이 공유하는 비법이 될 수 없다. 단기적 주가 부양을 위한 자사주 매입이나 소각 등의 편법으로는 금융당국이 요구하는 본질적인 목적을 달성하는 데는 한계가 있기 때문이다.

진정한 주주 친화적 경영, 실질적인 주주 가치 개선을 위해서는 기업의 수익성을 개선해야만 하고, 그 과정에서 밸류업 프로그램이 선택이 아닌 필수가 되는 시점이 도래할 것이다. 투자자들은 그 시점을 빠르게 판단하고 자신의 투자 포트폴리오에 효율적인 밸류업 프로그램이 적용되었는지 확인해 볼 필요가 있다.

20

캐즘 쇼크,
이차전지 지형이 바뀐다

전기차 캐즘Chasm 쇼크가 이차전지 업계를 덮쳤다. 전기차 수요가 뚝 끊기면서 주목받던 이차전지 섹터에는 먹구름이 드리웠다. 이차전지 수요 증가를 리드하던 전기차 수요가 회복되는 게 업계 향방을 점칠 수 있는 척도가 될 것으로 보인다.

캐즘은 새로운 제품군이나 서비스가 일시적으로 겪는 침체기를 뜻한다. 새로운 것에 도전적인 혁신가와 얼리어답터가 초기 시장 수요를 견인한다. 초기 시장에 머물던 제품군이 다수 사용자가 버티고 있는 주류 시장으로 넘어가는 사이에 수요 절벽이 발생하는데, 그 이유는 주류 시장의 다수 소비자는 보다 보수적인 선택지를 고르기 때문이다.

캐즘 논란은 신산업에서 곧잘 나타나는 현상이기도 하다.

MP3 플레이어, DVD 플레이어, 디지털카메라 등 과거부터 캐즘 위기를 겪었던 제품군은 여러 가지가 있었는데, 캐즘을 이겨낸 제품들은 결국 한 시대를 풍미했다. 캐즘이란 전에 없던 제품군이라면 필수 관문처럼 겪었던 위기였다. 전기차 시장을 덮친 캐즘 공포 역시 일시적인 현상에 그칠지, 시장 전체를 잡아먹을지는 지켜볼 부분이다.

한 예로 MP3 플레이어를 살펴보자면 MP3 플레이어가 태동한 1990년대 후반에는 CD 플레이어가 대세였다. 지금 시점에선 생소할 수 있지만 당시만 하더라도 음원이 담긴 CD를 구매해 휴대용 CD 플레이어에 담아 재생하는 게 일반적이었다.

세계 최초 MP3 플레이어는 해외가 아닌 국내에서 탄생했다. 1997년 디지털캐스트가 개발한 MP3 플레이어를 새한정보시스템이 유통하며 B2C 시장에 첫선을 보였다. 특히 '아이리버' 브랜드로 유명했던 벤처기업 레인콤은 MP3 세계 시장에서 수위권의 점유율을 확보할 정도로 돋보이는 활약을 펼쳤다. 그만큼 아이

그림 7. 아이리버 MP3 플레이어 이미지

출처: 아이리버

리버 MP3 플레이어의 인기는 실로 대단했다.

지금은 역사 뒤안길로 사라졌지만 MP3 플레이어는 휴대전화에 MP3 재생 기능이 보편화되기 이전인 2000년대 중반까지 산업계에서 한 축을 차지했다. 결과적으로 한 시대를 풍미하는 품목으로 살아남는 데 성공했다. 한때 캐즘 위험에 시달렸지만 이를 이겨내고 단일 품목으로서 유효한 수요를 창출했다.

반대로 캐즘의 늪에서 헤어 나오지 못하고 시장에서 퇴출된 품목도 있다.[5] 전기 충전 기반으로 활용되는 개인용 소형 이동 수단 '세그웨이'가 사례로 꼽힌다. 미국 회사인 세그웨이가 세그웨이란 브랜드로 소형 전동 이륜차를 만들었고, 미래형 개인 교통 수단으로 주목받으며 한때 세계적으로 인기를 끌었다.

하지만 규제 환경은 세그웨이에 유리하게 돌아가지 않았다. 우리나라를 비롯한 각국 정부에서는 신규 규제를 내놓으면서 세그웨이의 사용 반경을 크게 줄였다. 예를 들어, 영국에서는 보행자가 다니는 인도에서 세그웨이를 탈 수 없도록 했다.

세그웨이의 태생적 한계도 있었다. 구조상 장시간 탑승이 어

---

[5] 참고 자료 : 뉴욕타임스 〈Segway to End Production of Its Original Personal Transporter〉
https://www.nytimes.com/2020/06/24/business/segway-pt-discontinued.html

려웠고, 빠르지 않은 속도도 단점으로 지적됐다. 배터리 기반으로 작동하다 보니 배터리 효율이 떨어지는 겨울에는 주행 가능 거리가 저하된다는 점 역시 한계였다. 높은 가격대라는 허들과 더불어 전기 자전거와 같은 경쟁 제품과의 다툼에서 고전하던 세그웨이는 결국 2020년 단종됐다.

세그웨이와 대조적으로 MP3 플레이어가 캐즘을 극복한 원인은 무엇이었을까? 사용자가 MP3 플레이어를 보다 쉽게 이용할 수 있는 인프라가 제때 갖춰졌다는 점을 원동력으로 들 수 있다.

그림 8. 세그웨이 이미지

출처: 나무위키

1990년대 후반만 하더라도 MP3 파일을 유통할 플랫폼과 이를 뒷받침할 초고속 인터넷망이 미미했다. 전화선을 이용한 모뎀으로는 메가바이트MB급 음원 파일을 받기에 부담이 따랐다. 인터넷 이용 중에는 집 전화는 먹통이 되고 통신 비용이 들어가는 건 물론, 속도마저 빠르지 않았기 때문이다.

물론 기존 CD 이용자로선 MP3 플레이어를 이용하기 위해 일정 부분 학습이 불가피했다. MP3를 다운로드해 MP3 플레이어에 옮겨 담는 행위는 대다수 소비자에겐 생소했다. ADSL로 알려진 월정액 기반 초고속 인터넷 서비스가 빠르게 보급되자 MP3 파일을 다운로드하는 시간이 크게 줄었다.

품질 이슈도 빠르게 해결했다. 1998년 출시된 사실상 세계 첫 MP3 플레이어인 '새한 엠피맨 F10'은 5곡 정도의 곡만 담을 수 있는 수준이었다. 내장 메모리 용량이 16MB에 불과했다. 이후 MP3 플레이어 시장에 수많은 벤처기업이 도전장을 내밀면서 고품질 제품들이 자리를 잡기 시작했다. 미국의 애플까지 MP3 플레이어 시장에 뛰어들 정도였다.

전기차의 미래는 MP3 플레이어? 세그웨이?

이차전지 시장의 향방을 가늠하기 위해선 이차전지 주요 수요처인 전기차 시장 현황을 살펴봐야 한다. 전기차 메이커들은 초기 얼리어답터 이후 수요를 이끌어 갈 일반 대중을 소비층으로 끌어들여야 하는 미션에 직면했다. 내연기관과 하이브리드 자동차를 이용하던 기존 소비자를 전기차로 돌려세우기 위해선 가격 장벽과 품질 향상, 인프라 확충, 배터리가 갖고 있는 태생적 한계를 극복해야 한다는 평가다.

2023년까지의 데이터를 봤을 때는 아직 전기차 시장 성장세는 긍정적으로, 여전히 두 자릿수라는 높은 성장률을 보이고 있다. 국제에너지기구IEA가 발표한 2024년 글로벌 전기차 전망 보고서에 따르면 전기차는 2023년 세계에서 판매된 모든 자동차 가운데 18%를 차지했다.

2022년 14%와 비교하면 유의미한 상승세가 있었는데, 2023년 전기차 전 세계 판매량은 1,400만 대로 집계됐다. 중국, 유럽, 미국이 전기차 판매 상승세를 이끌었는데, 이 가운데에서도 810만 대의 전기차가 새롭게 등록된 중국이 단연 돋보이는 모습이다. 같은 해 미국도 140만 대 전기차가 신규 등록됐는데 전년 대비 40%가량 증가한 수치다. 국제에너지기구는 전기차 시장 확대를 위해선 소형 전기차로 라인업 확장이 필요하다고 제안했다.

문제는 2024년이다. 전기차 수요가 둔화하고 있다는 경고가 곳곳에서 들려오고 있다. 수요 저하에 대응하기 위해 테슬라, BYD와 같은 전기차 메이커들은 판매가격을 인하했다. 낮은 가격으로 판매량을 어느 수준 유지할 수는 있겠지만, 문제는 가격 할인만큼 회사가 벌어들일 이윤은 줄어든다는 점이다.

SNE리서치에서도 2024년 전기차 판매 성장률이 전년보다 낮아질 것으로 전망했다. SNE리서치는 올해 전기차 판매량이 1,641만 대 정도일 것으로 예상하고 있으며, 16.6% 성장률로 2023년 33.5% 성장률을 크게 하회할 것이라는 설명이다. SNE 리서치가 지목하는 전기차 수요 감소 요인은 얼리어답터 구매 이후 대기 수요 감소, 실물경기 부진, 소비심리 위축, 전기차 충전 인프라 부족 등이다.

게다가 국내외에서 전기차로 촉발된 대형 화재 사고가 터지면서 기존 내연기관, 하이브리드 자동차 이용자의 전기차 불신이 커지고 있는 상황이다. 2024년 8월 인천광역시 청라국제도시 내 아파트 단지 지하 주차장에서 전기차 화재가 발생했다. 전기차에서 최초 발화된 불은 옆 차로 옮겨붙었고, 결국 지하 주차장 전체로 번졌다. 발화 직후 스프링클러 작동이 원활하지 않으면서 대형 화재로 번졌다. 140여 대가 넘는 차량이 피해를 입었고, 화재로 인해 아파트 주민들은 단수, 단전 피해까지 입었다.

전기차 화재가 아파트 단지를 마비시킨 초대형 사고로 번지자, 전기차 주차를 제한하는 아파트 단지들도 늘고 있다. 정부는 화재 예방을 이유로 전기차의 100% 충전을 제한하려는 움직임까지 보이고 있다. 국내 전기차 대기 수요에도 직격탄을 날릴 전망이다. 전기차 화재가 대중에 주는 공포감이 얼마나 큰지를 엿볼 수 있는 사고다.

기술 전환·지정학적 리스크·정치 변동성까지…
이차전기 밸류체인이 불안하다

일차전지는 재충전이 불가능한 일회용 배터리를 말한다.[6] 일반적으로 건전지 형태로 리모컨, 시계 등에 쓰인다. 이차전지와 일차전지의 가장 큰 차이점은 충전을 통해 반복 사용이 가능하다는 점이다. 이차전지의 대표 사례는 리튬이온 배터리인데, 전기차에 탑재되는 품목도 리튬이온 배터리다.

이차전지는 양극재, 음극재, 전해질, 분리막으로 구성된다. 양극재와 음극재는 분리막으로 격리돼 있으며, 이온만이 분리막 사이를 통과할 수 있다. 양극재와 음극재 사이를 넘나들며 전기를 만드는 물질이 액체로 된 전해질이다. 양극은 배터리 용량, 평균 전압을 결정하고 음극은 양극에서 나온 리튬이온을 저장했다가 방출해 전류를 흐르도록 한다.

전기차 배터리 화재 원인을 살펴보면 일반적으로 배터리 분리막 손상이 문제가 됐다. 분리막이 손상되면 양극과 음극이 만나 화학 반응을 일으킨다. 이 화학 반응은 순식간에 1,000도 이상 발열을 초래하는데, 이를 '열폭주' 현상이라고 부른다.

---

6 참고 자료: 포스코퓨처엠 뉴스룸 〈2차전지, 들어는 봤는데 아직 잘 모르겠다면?〉 https://www.poscochemical.com/pr/view.do?num=103

그림 9. 리튬이온 배터리 구조도

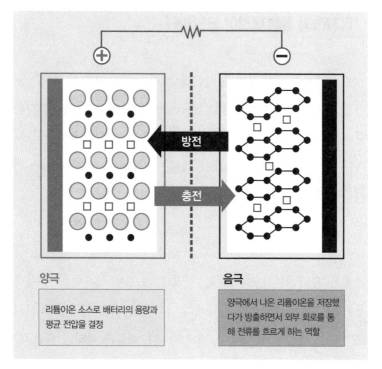

출처: 포스코퓨처엠 뉴스룸

열폭주 현상의 원인은 밝혀졌지만, 이러한 문제점이 단기간에 개선될지는 불투명하다. 분리막이 언제, 왜 손상되는지를 일반 이용자 입장에서는 좀처럼 가늠할 수 없어서다. 게다가 열폭주로 인한 화재는 눈 깜짝할 새 발생하기 때문에 위험성마저 높다. 거액을 주면서 화재 위험이 도사리는 차를 원하는 소비자는 많지 않다.

업계에서는 전기차 배터리 주류가 현행 리튬이온 배터리에서 전고체 배터리로 빠르게 전환해야 한다는 목소리도 커지고 있다. 액체 전해질로 이뤄진 리튬이온 배터리와 달리 전고체 배터리는 고체 전해질 기반으로 이뤄져 열폭주 위험성이 작다는 장점이 있다. 이와 동시에 분리막이 필요 없다는 점에서 구조적 차이점을 보인다.

전고체 배터리가 리튬이온 배터리의 단점을 상쇄할 수 있지만 아직 양산까지는 시간이 필요하다는 분석이다. 대형 화재 이슈로 전기차 수요가 주춤하는 만큼 완성차 메이커들의 전고체 배터리로의 전환 속도가 높아질 것으로 보인다.

전고체 배터리 전환이 앞당겨질 경우 배터리를 제조하는 밸류체인에도 대대적 변화가 불가피할 전망이다. 분리막을 제조하는 업체의 경우 타격이 불가피하다. 또한 고체 전해질 수요에 대응하지 못한 전해질 공급사의 성장 폭이 제한될 것으로 예상된다.

캐즘을 비롯한 각종 악재 속에서 전기차 메이커에 배터리를 공급하는 배터리 밸류체인에도 이미 타격이 가해지고 있다. 2023년까지만 하더라도 신고가 기록을 갈아치웠던 에코프로그룹 종목들은 2024년 들어 주가가 크게 하락했다. 52주 신고가가 19만 8,000원이었던 에코프로는 2024년 9월 기준 7만 원대까지 떨어졌다. 52주 최저가 수준이다. 에코프로비엠 역시도 상황은 다르지 않다. 52주 최고가는 35만 4,000원이었지만 현 주가는 16만 원 전후다.

배터리 제조사는 원재료 공급망 형성에 적잖은 어려움을 겪었다. 리튬이온 배터리를 만드는 데는 각종 희토류가 필요하다. 그런데 희토류 상당수가 중국에서 공급되고 있으며, 중국산 희토류 가격이 좌지우지되면서 배터리 제조사는 공급망 리스크를 안고 있었다. 통제가 불가능한 지정학적 변수에서 벗어나기 위해 남미 등으로 원재료 공급망을 확대하고 있다.

이차전지 시장이 정치권 이슈와도 맞닿아 있다는 점은 또 다른 리스크다. 미국, 유럽과 같은 이차전지 주요 수요처의 경우 대권주자마다 전기차에 대한 관점 차이가 크다.

예를 들면 바이든 행정부가 보조금을 지급하며 전기차 확대에 힘썼던 반면, 공화당 대선 후보로 나섰던 도널드 트럼프는 전기차 보조금을 축소하겠다는 입장을 내비쳤다. 2024년 11월 트럼프가 민주당의 카멀라 해리스를 꺾고 재선에 성공하면서 향후 전기차 산업 전망도 더욱 불투명해졌다는 분석이 나온다.

트럼프가 평소 전기차 확대에 부정적인 태도를 보여왔던 만큼, 전기차 메이커는 물론 이차전지 밸류체인에도 먹구름이 낀 상태다. 특히 바이든 행정부의 인플레이션 감축법IRA이 향후에도 존속할 수 있을지 불확실하다는 설명이다. 바이든 행정부는 인플레이션 감축법을 통해 미국 현지에서 생산된 배터리, 그리고 이를 탑재한 전기차에 보조금을 제공했다. 트럼프의 생각과는 상반된 정책인 셈이다.

국내 주식시장도 직격탄을 맞았다. 시장 우려를 반영하듯 트럼프 당선 이후부터 이차전지는 물론 반도체 섹터까지 관련 종목들이 하락세를 피하지 못하는 모양새다. 이차전지 섹터의 반등을 바라는 투자자들의 마음은 더욱 타들어 갈 것으로 보인다.

이렇듯 이차전지 산업을 둘러싼 대외 리스크는 이차전지 투자에는 걸림돌로 작용할 전망이다. 2024년의 이차전지 업황이 바닥이 될지, 아니면 바닥으로 가는 시작점이 될지는 알 수 없다. 다만 반도체에 이은 우리나라의 미래 먹거리로 부상하던 배터리 산업의 부진은 향후 투자자들의 선택지를 제한할 위험이 클 것으로 보인다.

21

반려인 1,500만 시대, 반려동물 산업 투자 전략

57% 대 43%. 2023년 반려동물이 타는 개모차와 아이가 타는 유모차의 합계 판매 비중이다. 한국이 세계 최저 출산율을 기록하고 있는 점을 감안하더라도 반려동물용품이 더 판매되는 수치가 공개되면서 시장은 놀랐다. 미국 〈월스트리트저널〉조차 '출산율 최저국에서 치솟는 개모차 판매율'이라는 기사를 소개할 정도다. 반려동물용품 쇼핑몰 펫프렌즈의 경우 개모차 판매량이 2019년 대비 4배로 증가했다고 한다. 개모차 시장에서 '메르세데스 벤츠'로 불리는 에어버기는 프리미엄 개모차를 판매하는데, 대당 가격이 1,100달러(약 150만 원)에 달하는데도 불티나게 팔린다.

펫 사료 판매량은 2021년을 기점으로 줄곧 분유 판매량을 앞서고 있다. 올해 기준 펫 사료와 분유의 판매 비율은 69대 31로, 사료 판매량이 2배 이상 높다. 국내 반려동물 양육 인구가 1,500만 명에 달하며 반려동물을 사람처럼 대하는 '펫휴머나이제이션'은 사회적 문화로 부상했다.

펫 산업이 부상하고 있다. 1인 가족의 증가와 고령화가 진행되면서 반려동물을 가족으로 여기는 펫팸족Pet+Family이 빠르게 확산하고 있다. 반려동물을 애완용이 아닌 평생의 동반자로 인식하면서 그에 따른 소비도 급증하고 있다. 〈블룸버그 인텔리전스Bloomberg Intelligence〉에 따르면, 글로벌 반려동물 시장은 2022년 3,200억 달러에서 2030년 4,930억 달러로 확대될 전망이다. 국내뿐 아니라 전 세계적으로 반려동물을 키우는 인구가 증가하고, 더 많은 반려 인구가 휴먼그레이드 수준의 펫 푸드, 펫 서비스를 선택하면서 펫 시장이 급격히 팽창하고 있는 것이다.

국내에서도 반려동물 시장은 결코 무시할 수 없는 수준으로 확대됐다. 농림축산식품부에 따르면 국내 반려동물 시장은 2022년 62억 달러에서 2032년 152억 달러에 이를 것으로 관측한다. 시장이 빠르게 팽창되면서 정부의 지원 정책도 구체화하고 있다. 주로 반도체, 이차전지, AI 등 국가 핵심 산업을 육성하기 위해 열리는 비상경제장관회의에서 이례적으로 반려동물 연관 산업 육성 대책이 논의됐다. 2023년 하반기 농림축산식품부 등 관계 부처는 펫 푸드, 펫 헬스케어, 펫 테크, 펫 서비스 등 관련 분야 전반에 각종 체계를 구체화하고 수출 경쟁력 강화를 지원하는 제도적 방안을 제시했다. 어느새 국가 전략 산업으로 급부상한 셈이다.

해외 펫 투자 시장 잰걸음

해외에서 펫 산업은 주요 투자처 중 하나가 된 지 오래다. 전 세계 펫 시장의 3분의 1가량을 차지하고 있는 미국에서는 글로벌 투자자들이 대거 투자한 데다 기업공개에 성공한 곳도 상당수다. 그중 미국 펫 푸드 업체 프레시펫의 성공이 펫 산업 투자에 큰 관심을 끌어모았다. 프레시펫은 신선 펫 푸드 제조사로, 동물도 신선하고 영양가 있는 음식을 섭취할 권리가 있다는 점을 소구하며 천연원료를 만든 제품을 생산해 큰 인기를 끌었다. 2014년 11월 나스닥에 상장했는데, 당시 기업 가치는 4억 7,700만 달러이다.

미국 냉동·냉장 펫푸드 시장에서 90%의 시장 점유율을 차지하면서 매년 큰 폭의 성장을 기록하는 등 압도적인 경쟁력을 확보했다. 매년 빠르게 성장하는 펫 푸드 시장의 수혜를 받으면서

10년 만에 기업 가치가 68억 9,000만 달러로 14배 높아졌다. 프레시펫의 성공 이후 펫 커머스 업체 츄이, 펫코와 펫 푸드 업체 바크박스가 조 단위 이상의 기업 가치를 인정받으며 상장했다. 특히 츄이는 상장 당시 기업 가치가 87억 7,000만 달러에 달했는데, 한화로 10조 원 이상의 대어급 IPO 기업인 셈이다.

이 같은 펫 시장 투자 열풍은 최근 유럽까지 확대됐다. 영국의 펫 푸드 업체 버터넛박스는 2023년 9월 사모펀드 제너럴애틀랜틱, 엘캐터튼 등으로부터 3억 5,420만 달러의 자금을 유치했다. 2016년 설립된 버터넛박스는 반려견 맞춤형 건강 사료를 제공한다. 반려견 정보를 입력하면 그에 맞는 식사를 추천해 주고 냉동 상태로 맞춤형 사료가 배송하는 프리미엄 서비스가 인기를 끌면서 투자자의 이목을 사로잡는 데 성공했다. 반려동물의 개체 수 증가, 평균 수명 연장에 따른 고령화 진행 등 시장 확대를 염두에 두고 선제적인 투자에 나선 것이다.

이런 투자 흐름은 수치로도 잘 나타난다. 반려동물 관련 기업에 대한 전 세계 투자금은 2013년 3억 2,600만 달러에서 2023년 28억 7,000만 달러로 약 9배가량 상승했다. 최근 들어서는 글로벌 투자자들이 펫 섹터에 대해 대규모 바이아웃 투자로까지 영역을 확대하고 있다. 2023년 유럽 사모펀드 EQT 역시 동물 의약품 업체인 데크라파머슈티컬스를 한화 약 7조 8,000억 원에 경영권을 인수했다. 2024년 2월에는 세계 최대 사모펀드 중 하나인 블랙스톤이 애완동물 돌보기 및 개 산책 플랫폼을 운영하는 로버그룹을 3조 1,000억 원에 인수했다. 또 다른 사모펀드인 아폴로글로벌매니지먼트도 2023년 10월 BC파트너스로부터 펫스마트를 2조 4,000억 원에 사들였다. 펫스마트는 펫 사료, 용품 등을 제공하는 미국 반려동물 리테일 업체다.

투자 시장이 펫 산업에 대해 지분 투자를 넘어 경영권을 사들이는 데는 분명한 시장의 변화가 있다고 판단해서다. 기업공개를 통해 투자금을 회수할 수 있는 통로가 여러 차례 증명된 데다, SI들이 펫 산업에 눈독을 들이고 있기 때문이다. 미국 소비재 회사인 포스트홀딩스는 2023년 초 펫 푸드 업체 JM스마커로부터 개와 고양이 사료 브랜드 일부를 약 1조 6,000억 원에 인수했다. 같은 해 10월에는 반려동물 사료 자체 브랜드 제조 업체 퍼펙션펫푸즈를 3,100억 달러에 사들였다.

기존 반려동물 업체들도 볼트온Bolt-on 전략을 구사하고 있다. 볼트온은 동종업계를 M&A해 시장 지배력을 확대해 가는 방식을 뜻한다. 미국의 마스펫케어는 2023년 2월 캐나다의 프리미엄 펫 푸드 업체인 챔피온펫푸즈를 인수했다. A&M캐피탈파트너스의 포트폴리오 기업 브라이트펫뉴트리션은 펫 푸드 밀키트 제조사 브라보를 사들였다. 미국의 펫 보충제 업체 페라펫츠와 천연

원료 기반 펫 푸드·간식 기업 TDBBS도 2023년 11월 다른 펫푸드 업체에 팔렸다.

이처럼 인수합병을 통해 펫 섹터로 빠르게 진입하거나, 기존 펫 섹터의 경쟁력을 제고하려는 기업들이 나타나고 있어 이들에게 재매각하는 것을 염두에 두고 바이아웃 투자에 나선 것으로 풀이된다. 특히 미국 등 주요국에서는 현금 흐름이 좋은 펫 푸드 업체에 대한 거래가 큰 폭으로 증가하고 있으며, 펫 고령화를 고려한 펫 헬스케어 업체에 대한 투자도 늘어나고 있는 추세다.

'걸음마 뗀' 국내 펫 시장: 커머스보다는 펫 푸드에 주목해야

국내 반려동물 투자 시장은 초기 버티컬 플랫폼인 펫커머스 분야에 집중됐다. 국내 펫 푸드 시장은 로얄캐닌, 퓨리나, 시저, 네추럴펫 등 외국 브랜드가 70% 이상 시장을 장악하면서 국내 기업들이 고질적으로 고전한 탓이다. CJ제일제당은 2013년 펫 푸드 브랜드 '오 프레시'와 '오 네이처'를 출시했지만, 외국 브랜드에 밀려 2019년에 철수했다. 빙그레 역시 2018년 반려동물 전용 우유인 펫밀크를 출시했지만, 이듬해 펫 푸드 시장에서 발을 뺐다.

때문에 국내·해외 브랜드 상품을 모두 취급할 수 있는 펫커머스 플랫폼 분야에 투자금이 몰렸다. 2015년 설립된 펫 전용 플랫폼 펫프렌즈는 지금까지 총 1,793억 원의 투자금을 유치했다. 2021년에는 IMM프라이빗에쿼티와 GS리테일이 기업 가치 1,500억 원에 펫프렌즈를 인수했다. 헬스케어 버티컬 플랫폼 핏펫 역시 누적 883억 원의 투자금을 유치했다. 펫커머스 플랫폼 바잇미는 93억 원의 투자금을 받았으며, 최근에는 한국투자증권을 IPO 주관사로 선정하는 등 투자 시장에서의 활동을 이어가고 있다. 반면 펫 푸드 업체는 시리즈A 단계의 투자를 받는 기업은 나오고 있지만, 큰 규모로 투자금을 유치하는 회사는 찾아보기 어렵다.

그러나 앞으로는 투자 환경이 다소 변화될 전망이다. 티몬·위메프 사태로 플랫폼 업체에 대한 투자 심리가 악화된 데다, 재무 여력이 약한 버티컬 플랫폼의 존속에 대한 시장의 의구심이 확대된 탓이다. 플랫폼 시장은 해를 거듭할수록 경쟁이 치열해지는 분야다. 1990년대 G마켓, 11번가 등 오픈마켓을 시작으로 2010년 초반 쿠팡, 티몬, 위메프 등 소셜커머스가 등장했고, 마지막으로 컬리, 무신사, 펫프렌즈와 같은 버티컬커머스가 2020년 전후로 우후죽순 생겨났다.

여기에 C-커머스로 불리는 중국의 플랫폼 기업이 최근 국내 시장에 진입하며 경쟁이 한층 치열해졌다. 알리익스프레스, 테무 등은 저가 공세를 통해 국내 시장 점유율을 빠르게 끌어올리고 있다. 경쟁이 치열해지면서 규모의 경제를 실현한 쿠팡, 네이버 등 일부 기업을 제외하고는 적자의 늪에 빠져 있다.

자본잠식 상태인 플랫폼도 상당수다. 엎친 데 덮친 격으로 티메프 사태로 플랫폼 업체에 대한 정산 주기 규제가 더해지면서 자본 여력이 없는 기업이 영업을 해 나가기는 더욱 어려워졌다. 외부 투자유치를 통해 자본을 확충하지 못하면 기업 존속마저 불투명한 상황이다. 플랫폼 업계의 구조조정이 지나갈 때까지는 버티컬 플랫폼 시장의 투자는 꽁꽁 얼어붙을 것이라는 전망이 지배적이다. 이는 펫커머스 플랫폼 시장도 마찬가지다.

다만, 펫커머스 플랫폼을 제외하고는 펫 시장에 대한 투자는 늘어나고 있다. 2023년 펫 헬스케어 업체 온힐과 그린펫이 각각 300억 원의 투자금을 유치했으며, 펫 항암바이오사 임프레드 역시 SK텔레콤, 벽산 등으로부터 300억 원을 조달받았다. 펫 시장으로 진출하려는 SI들의 행보도 뚜렷해지고 있다. 펫 산업에 가장 적극적으로 뛰어드는 곳은 편의점 GS25와 홈쇼핑 GS샵을 운영하는 GS리테일이다. GS리테일은 2018년 펫커머스 플랫폼 어바웃펫을 인수한 뒤 반려동물 스마트 기기(바램시스템), 펫시터 예약(도그메이트), 동물병원 경영지원(아이엠디티), 반려동물 장례(21그램), 펫푸드(펫픽), 펫 용품 브랜드(펫땡)에 지분 투자를 한 데 이어 펫프렌지를 인수했다. 펫 산업 전반의 밸류체인을 구축해 신사업을 구축하겠다는 포부다. SK네트웍스 역시 펫 용품사인 비엠스마일에 총 280억 원을 투자했는데, 투자 당시 인정받은 기업 가치는 2,800억 원에 달한다. LG유플러스는 반려동물 나들이 장소 예약 플랫폼 운영사 얼롱을 인수했다. 대상 그룹도 2023년에 반려동물 식품·간식 업체 위드공감을 사들였다.

이런 흐름 속에서 국내에서 주목받는 펫 산업 분야는 펫 푸드이다. 글로벌 시장에서 펫 푸드 M&A가 활발한 데다 글로벌 브랜드가 독식하는 건식 사료 시장에서 냉동·냉장이 주류여서 수출입이 어려운 습식 사료로 소비 흐름이 바뀌고 있기 때문이다. 국내 기업들도 속속 펫 푸드 시장에 진출하고 있다. 하림은 자회사 하림펫푸드를 설립해 프리미엄 사료 시장을 개척하며 2021년 흑자 전환 이후 매년 고속 성장을 하고 있다. 치킨 업체 굽네치킨 역시 습식 사료 브랜드 '듀먼'을 출시해 2022년 매출 100억 원을 돌파했다. 여기에 국내 펫 시장 상장 1호 기업이 사료 OEM·ODM사인 오에스피다. 해외에서는 프리미엄 펫푸드 유니콘 회사(기업 가치 1조 원 이상)가 다수 나타나고 있다는 점에서 국내 펫 푸드 업체에 대한 관심이 높아질 것으로 보인다.

약관約冠은 스무 살을 달리 이르는 말이다.《예기禮記》〈곡례편曲禮篇〉에 "사람이 태어나서 10년이면 유幼라고 하여 이때부터 배우기 시작한다. 20세를 약弱이라 하며, 비로소 갓을 쓴다"라는 말이 있다. 여기서 유래한 말이 '약관'이다. 갓을 쓰는 나이가 됐지만 아직은 약하다는 뜻이다.

흔히 사모펀드로 불리는 기관 전용 사모펀드도 2004년에 태동해 이제 20돌을 맞았다. 그간 사모펀드가 굴리는 돈은 140조 원까지 불어났다. 2024년 정부 예산이 647조 원, 삼성전자의 시가총액이 400조 원 수준인 것을 감안하면 위상이 크게 올랐다. '약관'에 아직 약하다는 뜻이 담겨 있지만, 사모펀드를 모르고서는 경제를 논하기 어려워졌을 정도다. 우리가 익히 아는 카페부터 최첨단 기술이 필요한 기업까지 사모펀드의 손길을 거치지 않은 분야가 없을 정도다. 당신에게 큰 투자 수익을 안겨준 기업도 초창기엔 VC나 사모펀드 자금이 없었다면 살아남지 못했을 수도 있다.

아울러 국민연금을 포함한 연기금이나 공제회들도 대체투자를 꾸준히 늘리고 있다. 국민연금은 국민의 노후를 책임지기 위해 수익률을 제고해야 한다. 공제회 역시 공제회원들을 위해 높은 투자 수익이 필요하다. 900조 원을 굴리는 국민연금은 대체투자 시장에서 가장 큰손이다. 당연히 저 안엔 당신이 매달 성실히 낸 돈도 들어 있다. 사모펀드 투자가 나와 완전히 무관한 남의 나라 이야기가 아니라는 의미다. 각종 공제회원이라면 더 깊이 관여돼 있는 셈이다.

이처럼 사모펀드 영향력은 날로 커지며, 우리 일상 속으로 스며들고 있다. 그럼에도 이들에 대한 정보는 여전히 부족하다. 이 때문에 책을 써야겠다는 마음을 먹었다. 보통의 사람들에게 사모펀드는 여전히 그저 '악마' 정도로 치부되는데, 영화나 드라마 같은 미디어 영향이 큰 듯하다. 스크린 속 그들은 그저 돈 생각뿐이며, 돈만 된다면 정말 아무도 모르게 사람도 죽일 것만 같은 존재들로 묘사된다. 물론 그들의 최우선 과제는 투자 수익이고, 이기적으로 움직이는 것도 사실이다. 그러나 한 집단의 이기심이 우리 사회에 긍정적 외부 효과를 불러올 수 있다는 점을 간과해선 안 된다.

예컨대 부도 위기에 놓인 기업을 사모펀드가 '헐값'에 인수해서 5년 뒤 2배가 넘는 돈으로 매각했다고 해 보자. 이 사모펀드는 과연 악일까? 사모펀드가 인수하지 않았다면 대량의 실직자가 발생했을 것이다. 그렇다면 이 사모펀드는 선일까? 사모펀드가 정상적인 기업을 인수해 대량의 정리 해고를 통해 2배가 넘는 수익을 거뒀다고 하자. 그런데 이 사모펀드의 최대 출자자는 국민연금이었고, 이 덕분에 연금 재원이 늘어 국민의 노후가 좀 더 안정됐다면 이들은 악일까, 선일까? 그 누구도 쉬이 답을 내리지 못하는 문제다. 사실 답을 내릴 필요도 없다. 사모펀드는 선도 악도 아닌 그저 중립적인 존재이기 때문이다.

2024년엔 고금리로 M&A 시장 전반이 위축됐음에도 조 단위 빅딜에서는 여전히 사모펀드들이 존재감을 과시했다. 에코비트와 한온시스템, SK스페셜티 같은 대형 매물에서 손바뀜이 일어났다. 빅 플레이어들의 건재함이 빛났던 한 해다. 이와 달리 중·소형 매물은 M&A가 중단되는 일이 잦았는데, 인수자 측이 돈을 모으지 못한 탓이다. 하지만 이제 금리는 이제 정점을 찍었다. 인하기에 접어들면 다시 한번 사모펀드 업계에 부흥기가 도래할 수 있다.

금리 인하와 함께 DX(디지털 전환)에서 AX(인공지능 전환)로 넘어가는 시기인 만큼 사모펀드 역할을 더 커질 것이다. 기존 DX 시기에도 많은 기업의 손바뀜이 일어났고, 그때 사모펀드들이 주요한 역할을 했다. 사모펀드들은 대기업들이 매각하는 비핵심 자산을 인수해 주고, 그들의 신사업 진출에 공동 투자자로 참여해 든든한 지원군이 될 것이다. M&A 전략을 잘 짜지 못하면 굴지의 대기업도 언제든 무너질 수 있다. 한때는 M&A를 통해 급성장한 기업을 향한 비판적인 시선이 짙었다. 소위 '근본'이 없다는 것이다. 한 우물을 열심히 파고 백년대계를 세운 기업이 존경받았지만, 이젠 변화에 빠르게 적응해야 하는 시대가 왔다. 아니다 싶으면 다른 우물을 빠르게 찾는 기업이 살아남을 것이다. 사모펀드 업계를 향한 '건조한 관심'이 필요한 시점이다.

긴 호흡이 필요한 사모펀드 업계와 달리, 기자의 세계는 대개 하루 단위로 돌아간다. 아침에 어떤 기사를 쓸지 보고하고, 해가 지기 전에 마무리 짓는다. 물론 오랜 기간 이어지는 이슈도 있지만, 보통은 호흡이 짧다. 세상에 나간 기사는 기자에겐 과거가 되고, 금세 잊힌다. 워낙 많은 기사를 쓰다 보니 직접 쓴 기사를 보며 이런 기사를 썼었나 하는 생각이 들 때도 있을 정도다. 책을 쓴 덕분에 낱개의 기사 속에서 하나의 사건에 불과했던 일들이 흐릿하게나마 연결되는 경험을 했다.

이 책을 읽는 여러분도 자신만의 시계에 맞춰 사느라 바쁜 나날을 보냈겠지만, 한 해 동안의 M&A 시장이 머릿속에 정립되는 데 조금이나마 도움이 됐길 바란다.

사모펀드와 M&A 트렌드 2025

초판 1쇄 인쇄 2024년 11월 15일
초판 1쇄 발행 2024년 12월 6일

지은이 조세훈, 이영호, 오귀환, 이승혁, 룩센트 미래경영연구소
펴낸이 임충진
펴낸곳 지음미디어

편집 정은아
디자인 이창욱

출판등록 제2017-000196호
전화 070-8098-6197
팩스 0504-070-6845
이메일 ziummedia7@naver.com

ISBN 979-11-93780-10-7   03320
값 22,000원